枡野俊明
曹洞宗徳雄山建功寺住職

定命《じょうみょう》を生きる

よく死ぬための禅作法

小学館

はじめに

誰もがいつか、必ず、死を迎えます。

自分に、いつ、どのようなかたちで、死が訪れるのか。それを知るすべはありません。

しかし、誰にでも死を意識することはあるはずです。本書はそんな人に向けて書いたものです。

生から死までの間を一般には「寿命」といいますが、禅は違ったいい方をします。

「定命《じょうみょう》」です。

人の命の長さは生まれたときから定まっている。そのように禅は考えるからです。

その定まった命をどう生きるか。そのことが死と深くかかわっているのです。みなさんは、死を意識したとき、どんな思いを抱くでしょうか。人によってそれぞれ違ったものであるのは当然ですが、究極にはひとつのところに収斂《しゅうれん》するのではないか、とわたしは考えています。

「よく死ぬ」というのがそれです。

よく死ぬとは、こういうことです。死に際して、

「やるべきことはすべてやりきった。もう、思い残すことはなにもない。いい人生だったなぁ」

という思いが胸いっぱいに広がる。それ以上のよき死はありません。そう思えたら、従容《しょうよう》として、清々《すがすが》しく、静かな心で、死を受け容れられる、という気がしませんか?

禅にはよく死ぬためのヒントがたくさんあります。それを一つひとつ掘り起こしたのが本書です。読み進まれるうちに、そのどれにも共通しているものが

ある、ということに気づかれるでしょう。

「これって、全部が〝よく生きる〟ためのヒントじゃないか!」

そう、よく死ぬこととよく生きることは不可分。もっといえば、**よく生きることのほかによく死ぬ方法はないのです。**

もちろん、多くの財産を築いたり、社会的な地位を得たりすることが、よく生きることではありません。

禅語をひとつ紹介しましょう。

「即今《そっこん》、当処《とうしょ》、自己《じこ》」

たったいま、その瞬間に、その場所、場面で、自分がやるべきこと、できることを、精いっぱいやっていく。その大切さをいったものです。これは禅の根本であり、よく生きることとは、このことに尽きます。

人生、ときには不遇に身を置くことがあるかもしれません。あるいは、病気になることだってあるかもしれない。

しかし、どんな状況にあっても精いっぱいやることはできます。不遇ならその自分で、病気なら病気の自分で精いっぱいやればいいのです。そうしていれば、よく生きることから外れることはありません。

短いか、長いか、にかかわらず、人生は瞬間、瞬間の積み重ねです。**精いっぱいやった瞬間が重なって、精いっぱい生きた人生になるのです。それが、もっとも美しい生き方だ、とわたしは思っています。**

人生百年時代といわれるいま、定命が尽きるまでの時間は長くなっている、といっていいでしょう。本書を手がかりに、それぞれの定命をできるかぎりよく生きることにつとめてください。

あとはおまかせしておけばいいのです。

それが、そのまま、よく死ぬことにつながります。

合掌

令和二年一月吉日　徳雄山建功寺方丈にて

枡野俊明

「定命《じょうみょう》」を生きる
よく死ぬための禅作法

もくじ

1章
「定命」とはなにか
――預かりものの命を生きる

2章

命を輝かせる「心」の持ち方

――減らす、手放す、受け容れる

3章

「行動」を少し変えてみる
——最期の日までにやっておきたいこと

4章

人生が整う「暮らし方」

――今日を「最高の一日」にする禅的メソッド

5章

身体と対話する

――「体力」より「元気」をつける

1章

「定命」とはなにか

――預かりものの命を生きる

生まれた瞬間から命の長さは定められている

──「定命《じょうみょう》」を生き切るためには

この世に生を受けてから人生を終えるまでの期間を、ふつう「寿命」といいます。しかし、禅（仏教）では違ういい方をします。

「定命」です。

命の長さは生まれ落ちたその瞬間から、〝定められている〟と考えるため、そう表現するのです。

もちろん、自分の定命がどのくらいの長さなのかは、誰にもわかりません。

たしかなことは、どんな命にも、必ず、終わりがあるということ。これは避けようがありません。

では、命は誰のものでしょうか。

「自分の命なのだから、誰のものでもない。自分のものに決まっているじゃないか」

多くの人がそう思っているのではありませんか？

しかし、違うのです。禅は命をこう考えます。

「仏様（ご先祖様）からの預かりもの」

いま、そこに、自分がいただいている命は、ご両親をはじめ、たくさんのご先祖様が永々と命をつないできてくれた結果としてあるのです。そのうちのたった一人でも欠けていたら、いまの命はありません。

そのことを思ったら、〝命は自分のもの〟だなんていえますか？

ご先祖様たちのお蔭様によって、いただいている。

ご先祖様からお預かりしている、という受けとり方ができるのではないでしょうか。

お預かりしている命だとしたら、自分勝手に扱うことはできませんね。他人様《ひとさま》からなにかをお預かりしたら、お返しするまで大切に、大切に、扱うはずです。

命も同じ。

定命が尽きてお返しする瞬間まで、大切にしていくのが、当たり前の命との向き合い方でしょう。

我欲や執着《しゅうじゃく》、妄想《もうぞう》を手放す

――すると、一点のくもりもない清らかな心に出会える

両親を送ったとき、自分の死を現実のものとして考え始める人が多いように思います。

それも、男性の場合は父親の死が、女性では母親の死がきっかけになる。父親（母親）の没年までは自分も生きられるだろう、あるいは、その歳までは生きていたい、生きていこう、という漠然とした思いがあるということなのでしょう。

死について考えることは、それまでの時間をどう生きるかを考えることでもあります。生死は表裏一体、コインの裏表です。

道元《どうげん》禅師が記した『正法眼蔵《しょうぼうげんぞう》』の要点を抜粋してまとめた『修証義《しゅしょうぎ》』という経典の冒頭に、生死について触れている次の文言があります。

「生《しょう》を明《あき》らめ、死《し》を明《あき》らむるは、仏家一大事《ぶっけいちだいじ》の因縁《いんねん》なり」

生とはなにかを明らかにし、死とはなにかを明らかにすることは、仏教徒として最大の課題である、ということです。その最大の課題に取り組みつづけていくことが、禅の修行であるともいえるのです。

この答えは、それぞれが出していかなければならないわけですが、ひとついえることは、「よく生きる」ことと「よく死ぬ」ことは不可分である、ということでしょう。

〝よく〟という言葉は抽象的ですが、わたしは、**誰のなかにもある仏性《ぶっしょう》という、一点のくもりもない、清らかな心に気づき、一歩、一歩、それに近づいていくことだ、**と思っています。

もう少し具体的にいえば、**我欲や執着、妄想といった「煩悩」を削ぎ落としていくこと、手放すこと、といってもいいでしょう。**

人は誰しも清らかな心をもって生まれてきますが、生きていく間にさまざまな煩悩がまとわりついてきます。もちろん、生きているかぎり、煩悩をすべてなくしてしまうことはできません。

しかし、削ぎ落としていくこと、手放すことはできます。

誰かと比較して嫉妬したり、自分より劣る誰かを見つけて見下したり、お金や地位、肩書きに心をとらわれたりすることもあるでしょう。

世の中が競争社会であるということを思えば、ある面しかたがないともいえますが、これらを手放すことは誰でもいつでもできるはずです。

とくに老年期を迎えた人であれば、仕事の成果を問われることもありませんし、出世や肩書きを気にする必要もなくなります。煩わしい人間関係も整理されてくる頃でしょう。

煩悩を手放すうえでの〝障壁〟が格段に減るのです。「よく生きる」ための土壌が整備されるといってもいい。

こんな禅語があります。

「本来無一物《ほんらいむいちもつ》」

人はなにひとつもたずに生まれ、なにひとつ携えることなく旅立っていく、という意味です。それが人の「正味」の姿です。そのことを、まず、腹に据えてください。すると、「よく生きる」ための道筋が見えてきます。

「死ぬる時節には死ぬがよく候」

――どうすることもできないことは静かに受け容れる

日本人にもっともなじみが深く、また、誰もが親しみを感じている禅僧といったら、やはり、良寛《りょうかん》さんがあげられるでしょう。その良寛さんに次の言葉があります。

「死ぬる時節には死ぬがよく候」

死ぬときがきたら、死んでいけばよい、と良寛さんはいうのです。

良寛さんがいわんとするところは、シンプルでありながら、いえ、シンプルであるからこそ、とても奥が深いのです。

四苦八苦。この言葉は誰もが知っているでしょう。

仏教の始祖であられるお釈迦様がおっしゃったとされるものですが、**四苦とは「生老病死」の四つです。**

この四つは、どれもが自分ではどうにもならないこと、自分の思いどおりにできないことです。それをどうにかしようとするところに、苦しみが生まれる、とお釈迦様は説きます。

死は避けられないものですし、いつそれが訪れるか、どんなかたちでやってくるのか、誰も知ることができません。死期も、死に方も、自分の手の届かないところにある、自分ではどうすることもできないのです。

そうであるのに、「死ぬのがこわい」とか「まだ、死にたくない」とか考えるから、迷ったり、不安になったり、悩みが生まれたりして、苦しみにもつながっていくのです。

どうにもならないこと、思いどおりにできないことは、受け容れるしかないのですし、それがいちばん道理にかなった、そのこととの向き合い方である、とするのが禅です。

先の言葉は、良寛さん流の禅的死に方のススメと解釈できますが、良寛さんはそれが、死と向き合う〝妙法〟、つまり、もっともすぐれた方法だとしています。「よく死ぬ」基本はここにある、とわたしは考えています。

いつ、どんなかたちで訪れようと、淡々と受け容れたら、心がかき乱されることはありません。もちろん、容易なことではないでしょう。

そのための考え方や心のかまえを固める必要があります。これからの項目で、そのヒントをできるかぎり提案していきたい、と思っています。

最期の瞬間まで精いっぱい生きる

――生と死、それぞれが絶対である

日本で曹洞宗を開いた道元《どうげん》禅師は、『正法眼蔵《しょうぼうげんぞう》』の「現成公案《げんじょうこうあん》」のなかで、こんなことを書いています。

「たき木、はひとなる。さらにかへりてたき木となるべきにあらず。しかあるを、灰はのち、薪《たきぎ》は先と見取すべからず。しるべし、薪は薪の法位に住して、さきありのちあり。前後ありといへども、前後際断せり……」

薪は燃えて灰になる。しかし、灰になったらもとに戻って薪になることはない。このことから、灰は後の姿であり、薪は先（前）の姿である、という見方をしてはいけない。

薪は薪の姿として前があり、後があるのである。そうした前後はあっても、薪と灰がつながっているのではなく、その前後は断ち切れているのである。

おおよそ、そのような意味でしょう。

同じことを、道元禅師は季節を例に引いて、冬が春になり、春が夏になるのではない、ともいっています。春夏秋冬という四季は、ときの流れのなかでつながっているようですが、春も夏も秋も冬も、それぞれ独立していて、前後は断ち切れている、ということです。

同じことが生と死についてもいえます。

かみ砕いていえば、**生は死の前の姿ではなく、死は生の後の姿でもない。つまり、生の延長線上に死があるのではなく、両者は断ち切れていて、それぞれが絶対なのだ、ということです。**

そうであったら、生きている間に死を思っても意味がない、ということになりませんか？

そう、絶対である生を生き切るしかないのです。

生き切るとは、いまというその瞬間に、自分ができることを精いっぱいやることです。

人生は瞬間の積み重ねでしょう。

仕事、家事、勉強、趣味……なんでもよいのです。自分のできることを精いっぱいやった瞬間が重なって、精いっぱい生きた人生になるのです。

生きている間にできること、やるべきことは、それしかありません。

終わるまで精いっぱいやりつづけたら、生はそこで完結します。人生をまっとうです。

あとはおまかせしておけばいいのです。

百年の命も、たった数秒の命もまったく同じ価値がある

――人生の意義や価値に「長さ」は関係ない

この世に命をいただいて生まれたということは、わかりやすいたとえでいえば、それぞれの頭の上にロウソクが立てられ、火が灯されたということです。

もちろん、最後まで燃え尽きるロウソクもあります。

しかし、なかには途中で倒れて火が消えたり、風に吹き消されたりするロウソクもあるわけです。事件や事故に巻き込まれたり、災害にあって命を落としたり、というのがそれにあたります。

燃え尽きるのも、途中で火が消えるのも、〝定め〟なのです。人それぞれに与えられた命も同じです。文字どおり、定めによるものであるため、定命《じょうみょう》と呼ぶのです。

それを決めるのは人知がおよばない力です。禅では大宇宙の真理というい方をしたりします。

そうであったとしても、定命が百年の人もいれば、十年の人もいるというのは、どこか釈然としない、と思うかもしれませんね。

そこに不条理や不公平感を感じるのは当然かもしれません。

しかし、生きる意義も、価値も、〝長さ〟ではかれない、もっといえば、長さとは関係ない、と禅は考えます。

百歳まで生きても、災害にあって十歳までしか生きられなくても、生きた意義も、価値も、まったく同じ。少しも変わるところはありません。

禅語を紹介しましょう。

「而今《にこん》」

大切なのは、過去でも、未来でもない、現在、いま、その瞬間である、という意味です。

人ができることは過去にも、未来にも、ありません。

その瞬間だけにあるのです。

ですから、その瞬間にできることを、一生懸命にやったらいいのですし、それ以上のことはできないのです。そして、それが生きる意義でもあり、生きる価値でもあると思います。生きている長さに関係なく、人は等しく〝(命ある)その瞬間〟を与えられています。

たとえば、重篤な病気を抱えて生まれてくる赤ちゃんがいます。

その赤ちゃんの命が消えようとする〝その瞬間〟を、懸命に生きていたら、生きていた時間がわずかであっても、お預かりした命を生き切った、意義ある一生、価値ある一生である、とするのが禅なのです。

人は二度死ぬ

――「定命《じょうみょう》」が尽きた後の死

仏教では、人の死は二度あるといういい方をします。

一度目の死は、定命が尽きたそのとき。

二度目の死は、残された遺族や近親者、あるいは、生前親しくしていた人たちの心のなかから、故人の存在が消えてしまったとき。

もちろん、泉下にいる故人に尋ねることはできませんが、二度目の死はとても寂しいものであると感じるに違いありません。ですから、残されたものはそんな死がやってこないように、精いっぱいつとめる必要がある、と思うのです。

法事はまさにそのためにある、といってもいいのです。法事の場では、先立たれた仏様（故人）の人となりや思いが語られるでしょう。

「気むずかしいところがあったけれど、何かあったときには、とことん相談に乗ってくれたね」

「いつも厳しいことをいっていた母親だったね。でも、あんなに心底子どもを思っていた人はいなかった。自分が母親になってみて、そのやさしさがはじめてわかった気がする」

法事のたびごとに、その場にいる人たちが、思い思いに仏様について語ることで、仏様はまざまざと甦《よみがえ》り、心のなかで生きつづけるのです。

そして、心のなかの仏様は、残された人たちが日々、成長して、よりよい人生を歩んでいくための、なにものにもまさる糧になるはずです。

「死にとうない」

――人間の奥行きを感じさせる仙厓義梵《せんがいぎぼん》和尚

自由闊達。まさしく奔放な生き方をしたことで知られるのが、臨済宗の禅僧である仙厓和尚です。その臨終の言葉がこれ。

「死にとうない」

わたしなりの言葉の解釈はあとに譲って、まず、仙厓和尚にまつわるエピソードをいくつか紹介しましょう。

仙厓和尚はたくさんの禅画を残しています。

その画風は、軽妙洒脱にしてほのぼの。どれもがあたたかさ、やさしさを感じさせます。狂歌を詠むことにも通じており、こちらも多くの作品が残っています。

人気が高かった禅画を求め、庵《いおり》に依頼にやってくる人が引きもきらず。そのさまを得意の狂歌でこう詠んでいます。

「うらめしや　わがかくれ家は雪隠《せっちん》か　来る人ごとに紙おいてゆく」

雪隠はトイレのことです。その意味は、困ったものだ、大勢の人が禅画を「描け、描け！」と紙を置いていく、わが家はまるで、トイレのようじゃわい、ということですね。

人物像が浮かんでくるような作品ですが、臨終の言葉は、さて、どのような思いから発せられたのでしょう。ちなみに、あの一休さん（一休宗純《いっきゅうそうじゅん》禅師）も同じ言葉を残したとも伝えられています。

仙厓和尚と一休禅師。

どちらもなにもかも究め、高い心の境地に達していた方です。それほどの禅僧が、いまわの際に「死にたくない」という思いをもっていた、この世に未練を残していた、とは考えられません。

そうであるとすれば、「死にとうない」には、なにか別の意味や思いがあったはずです。ここからは、わたしの勝手な解釈です。

禅の修行には終わりというものがありません。修行は永遠につづくのです。お二人はそのことを伝えたかったのかもしれません。

「（このような高い境地にいるとされている）自分も、まだまだ修行が足りん。もう少し、この世で修行をつづけたいものだ。死ぬには早すぎるかもしれん」

そうした思いを「死にとうない」に込めた。つまり、弟子やあとにつづく人たちに向けて、修行に満足することがあってはいけない、というメッセージをこの言葉で残した、という解釈です。

また、こんな受けとめ方もできそうです。

いたずら心、茶目っ気を発揮した。誰もが認める高僧であったお二人ですから、周囲は〝立派な死に方〟を期待していたのだと思います。そのことを重々わかったうえで、お二人がこう考えたとしたらどうでしょう。

「期待にそのまま応えたって、まったくおもしろくもないし、性分にも合わん。ここはひとつ、〝問題発言〟を残していってやるとするか。さぁて、どんな言葉がいいか。そうだ、『死にとうない』がよかろう。弟子たちがこの言葉をめぐって、右往左往する姿を、あちらからとくと見物させてもらうことにしよう」

あえて問題発言を残していった、とする解釈です。

この問題発言、仙厓和尚の最後の「狂歌」、一休禅師の最後の「頓知」という受けとり方をしてもいいのかもしれません。

実際、現在もこの臨終の言をめぐってさまざまな解釈がなされています。時代を超えて、なんとも、〝人さわがせ〟なお二人です。

繰り返しになりますが、これらはわたしの勝手な解釈です。言葉の真意は誰も知るよしがないのです。

いずれにしても、「死にとうない」というたった六字の文言に、〝永遠の謎〟を残したお二人。そこに、人としての奥行き、深みを感じるのは、わたしだけではないでしょう。

至福のなかで定命《じょうみょう》を迎える

――大笑し、絶命した清拙正澄《せいせつしょうちょう》和尚（大鑑《だいかん》禅師）

鎌倉時代末期に中国から渡来した清拙和尚（臨済宗）。

鎌倉で浄智寺《じょうちじ》、円覚寺《えんがくじ》の住職をつとめ、その後、京都に移って建仁寺《けんにんじ》、南禅寺《なんぜんじ》の住職になっています。

禅修行の規則や生活規範を定めたものを「清規《しんぎ》」といいますが、それを最初につくったのは唐の百丈懐海《ひゃくじょうえかい》禅師です。

清拙和尚は、それに倣《なら》ってみずからも「大鑑清規《だいかんしんぎ》」を定め、百丈禅師の法要「百丈忌」を日本ではじめておこなってもいます。

清拙和尚が遷化《せんげ》（高僧が亡くなること）されたのは六十六歳のときですが、死期を悟った禅師は南禅寺を去り、建仁寺の「禅居庵」に移ります。そこでの生活はそれまでと少しも変わるところがなかった、と伝えられています。

〝その日〟、清拙和尚は身のまわりの世話をする弟子に、次のような最期の言葉を告げます。

「今日は百丈和尚の命日なり。吾将《われまさ》に行かん」

百丈和尚の命日にあたる今日、わしもそのもとに行くぞ、ということですね。

いい終えた禅師は大笑、大笑いしたとされています。

その後、集まっていた弟子たちに説法をおこない、遺偈《ゆいげ》（辞世の文言）をしたためたのち、筆を放り投げて息絶えたといいます。

自身も清規を定め、「百丈忌」を催したことなどからも、清拙和尚の百丈禅師に対する思いの深さがうかがわれます。おそらく、百丈禅師は師匠と慕う人でもあり、また、父親的な存在でもあったのでしょう。

その〝父〟の待つ彼岸に、奇しくも同じ命日に赴ける。

臨終の言葉とその後の大笑は、心に一点の憂いもなく、百丈禅師とのえにしの深さを無上の喜びともする、清拙和尚の胸中をあますところなく示すものだったのだ、という気がします。

至福のなかで定命が尽きた好例、いや、希有な例でしょうか。

食を断って死を迎えるという選択

——禅僧の理想を体現した山本玄峰《げんぽう》老師

山本玄峰老師という有名な禅僧がいます。

若くして目を患って以来、ほとんど失明の状態だったといいます。

山本老師は、光を失って間もない若い頃、四国八十八カ所の霊場をめぐるお遍路の旅を重ねます。

しかし、七回目の遍路の途上で、行き倒れになってしまうのです。その山本老師を助けたのが、雪蹊寺《せっけいじ》（高知県）の住職であった山本太玄《たいげん》和尚でした。

その縁で山本老師は寺男として働くことになり、やがて仏門に入って修行に打ち込みます。その後、太玄和尚の養子となり、雪蹊寺を継いだ老師でしたが、さらに修行のために全国行脚に出るのです。

アメリカ、イギリス、ドイツなど外国にも赴き、推されて臨済宗妙心寺派の管長にもなった老師が腰を落ち着けたのが、臨済宗の修行道場でもある静岡県三島市の龍沢寺《りゅうたくじ》です。

老師のもとへは多くの政財界人がさまざまな相談事をもって訪れました。

終戦時に宰相をつとめた鈴木貫太郎元首相もその一人で、終戦の詔勅《しょうちょく》に、よく知られる「耐え難きを耐え、忍び難きを忍び……」の文言を加えるよう進言したのも山本老師だといわれています。


九十六歳を迎えた山本老師は、龍沢寺《りゅうたくじ》の居室で断食に入ります。そして、定命《じょうみょう》が尽きるまで断食をつづけたのです。

みずから食を断って、死を迎えるというと、〝壮絶な死〟という印象があるかもしれませんが、ほかに例がないわけではありません。

古来、傑出した禅僧にも、みずからの死期を察したときに、断食をして遷化《せんげ》することを選んだ、というケースが見られます。

その目的は「即身仏《そくしんぶつ》」になるためです。

ひとつ例を紹介しましょう。

中国唐代の禅僧であった石頭希遷《せきとうきせん》禅師（無際大師《むさいだいし》）です。石頭禅師は、禅宗の開祖である達磨《だるま》大師から六代目にあたる慧能《えのう》禅師に教えを受けます。しかし、慧能禅師が遷化されたため、慧能禅師の弟子にあたる青原行思《せいげんぎょうし》禅師に師事し、その法（教え）を嗣《つ》ぎます。

その後、禅門で重要な役割をはたした石頭禅師ですが、その死期にあたっては断食をして、即身仏になっています。

ミイラ化したそのご遺体は、いまも衣と袈裟《けさ》をまとい、縁あって現在、曹洞宗大本山總持寺《そうじじ》（神奈川県横浜市）に祀られていますが、公開はされていないため、拝観することはできません。

このように、断食によって即身仏になることは、禅僧が理想とする姿のひとつでしょう。なお、山本老師のご遺体は荼毘《だび》に付されたのち、ご葬儀がおこなわれています。

葬儀は、お釈迦様と「縁」を結ぶこと

――よりよい送り方とは

死後最初におこなうのがご葬儀です。曹洞宗のご葬儀は、出家入門式という意味をもつ儀式として位置づけられています。

出家をしていない一般の人は、生前はお釈迦様との縁を結んではいません。亡くなった後、その縁を結び、仏弟子となるためにおこなう儀式がご葬儀です。

故人は、導師から仏弟子としての戒律を受けて、仏門に帰依し、仏弟子にふさわしい名前、すなわち「ご戒名」が書かれた「お血脈《けちみゃく》」を授かります。お血脈とは、お釈迦様から故人にいたるまでの系図のことです。**ご葬儀をおこなうことによって、故人は仏弟子になります。そのため「仏様」と呼ばれるのです。**

最近は故人を家族だけで送る家族葬や少数の近親者だけでおこなうご葬儀が増えています。もちろん、それぞれの考え方や事情があってのことですから、一概にその是非をいうことはできません。

ただし、心にとめておいていただきたいことがあります。

故人がどのような状況で亡くなったか。そのことをよく考慮したうえで、ご葬儀の形式を決めるのがいい、というのがそれです。

現役を退いてから長く経ち、高齢となってから亡くなった、という場合は、家族葬で送るのもいいでしょう。

仕事の関係者とのつながりは希薄になっているはずですし、友人、知人のなかにはすでに物故者になっている人が少なくないかもしれません。たとえ存命であっても、故人と同じ年回りでは、身体的な問題などで、ご葬儀に参列するのには無理がある、ということが十分考えられます。

そうした人たちに気持ちの負担をかけない、という意味からも、ご葬儀の案内はせず、家族だけですませるのがいいと思います。いっぽう、現役で亡くなった、リタイア後も親しくつきあっている人が大勢いる、という場合は、通常のご葬儀をおこなうのがいいでしょう。

わたしの寺のお檀家さんにこんなケースがありました。

亡くなったのは奥様でしたが、そのとき現役の公務員で重要なポストに就いていたのです。当然、仕事の関係者をはじめ、つきあいも幅広かったわけです。

ご葬儀は家族葬でした。ところが、ご葬儀をすませてから、大変なことになった。亡くなったことを知った仕事の関係者らが、連日、「ぜひ、お参りをさせていただきたい」と喪家《そうけ》を訪れたのです。

対応にあたったのはご主人ですが、まさしく休むひまがない、という状態となったのです。

四十九日の納骨を終えてからも、参拝者はあとを絶ちませんでした。ご主人はそのつどその人たちをお墓まで案内しなければなりません。一日に何度も、参拝者を伴って寺にいらっしゃる姿を目にしたものです。

身心ともに大きな負担がかかったのでしょう。今度はそのご主人が脳梗塞で倒れてしまったのです。

悔やんだのはお子さんです。

「母の葬儀を家族葬にしたことで、父を大変な目にあわせてしまいました。そんなことになるとは想像もしていなかったんです。みなさんにお知らせして、葬儀をすればよかった、といまさらながら思っています」

お子さんの言葉どおり、通常のご葬儀をしていたら、会葬者全員がその場で故人を送ることができますから、ご葬儀がすんでから喪家を訪れることもなかったでしょう。

少なくとも、相次ぐ参拝者の対応によるご主人の負担はなかったと思います。

ご葬儀のかたちは、ご葬儀後に起こりそうな事態を想定して決める。大切なポイントです。

葬儀で授ける戒律とは

――どのように生きるかの指針になる

葬儀、つまり授戒の儀で授ける戒律は「三帰戒文《さんきかいもん》」の三条、「三聚浄戒《さんじゅじょうかい》」の三条、「十重禁戒《じゅうじゅうきんかい》」の十条、合わせて十六条となります。

それぞれについては、以下のとおりです。

〈三帰戒文〉

一　南無帰依仏《なむきえぶつ》……お釈迦様を拠り所とします

二　南無帰依法《なむきえほう》……お釈迦様が説いた教え（法）を大切にします

三　南無帰依僧《なむきえそう》……お釈迦様が説いた法を実践する僧侶を大切にします

〈三聚浄戒〉

第一　摂律儀戒《しょうりつぎかい》……清い心をもち、いっさいの悪事を働きません

第二　摂善法戒《しょうぜんぼうかい》……清い心をもち、いっさいの善行に励みます

第三　摂衆生戒《しょうしゅじょうかい》……清い心をもち、世のため、人のために、つくします

〈十重禁戒〉

第一　不殺生戒《ふせっしょうかい》……無駄な殺生はしません
第二　不偸盗戒《ふちゅうとうかい》……清い心をもち、人のものを盗みません
第三　不邪《ふじゃ》(貪《とん》)婬戒《いんかい》……清い心をもち、邪《よこしま》なことはしません
第四　不妄語戒《ふもうごかい》……うそ、偽りをいいません
第五　不酤酒戒《ふこしゅかい》……酒に溺れるようなことはしません
第六　不説過戒《ふせっかかい》……人の過ちを責め立てません
第七　不自讃毀佗《ふじさんきた》(他《た》)戒《かい》……みずからを誇り、他人をけなすことはしません
第八　不慳法財戒《ふけんほうざいかい》……ものでも、心でも、施すことを惜しみません
第九　不瞋恚戒《ふしんにかい》……怒りに燃えて、みずからを失いません
第十　不謗三宝戒《ふほうさんぼうかい》……「仏」「法」「僧」の三宝を誹謗中傷しません

このうち「十重禁戒」は、人のふるまい方、生き方の具体的な指針になっています。そこで、

「どんなふうに日々をすごしたらいいのか？

どのように生きたらいいかわからない」

という人に提案です。

いったんそれまでの生活をリセットし、この「十重禁戒」を心にとめ、それからの生活、生き方の指針にしていったらいかがでしょう。

戒を日常にどのように活かしていくか。次からの項目でそれを探ってみることにしましょう。

十重禁戒①

命あるものをいただくことに感謝する

——第一　無駄な殺生はしません……「不殺生戒《ふせっしょうかい》」を活かす

命あるものは殺しません、というのが不殺生戒です。

禅の修行中にいただく食事が、動物系の食材をいっさい使わない精進料理であることを知っている人もいると思いますが、それはこの戒を守ってのことです。

眼、鼻、口があるもの、つまり、獣や魚は命を奪ってしまえば、二度と甦《よみがえ》ることはありません。いっぽう、野菜などの植物は根絶やしにしないかぎり、また、再生します。ですから、これはいただいてもいい、とするのです。

さて、この戒を生活に活かすといっても、誰もがベジタリアンになれるわけではないでしょう。しかし、戒の〝心〟を日常にとり入れることはできそうです。

食事をするときは、姿勢を正し、合掌して、「いただきます」というのも、そのひとつです。いただくのは食材になった命です。

その命をいただいて、人は生き長らえているのですから、手を合わせて、感謝の気持ちを込めるのは、当然のことでしょう。そして禅の食事作法《じきじさほう》では、食事をいただく前に粥やご飯の入った器（応量器《おうりょうき》）を額《ひたい》の近くまで持ち上げます。この行為を「頂く」といいます。

もちろん、食事は残さない。

残すことは、命を粗末にすることにほかなりません。つくる量を加減すれば、すべての食事を残さずいただくことは、誰にでもできるはずですね。

週に一度くらいは、修行僧に倣《なら》って、精進料理にするのも、戒の心の実践です。野菜中心の食事は、消化器官に負担をかけませんし、健康にもいいのです。

また、蚊やハエなどの〝やっかいもの〟も、殺さずに部屋から外に追い払うことを心がける。どんな命も尊いものであるから奪わない、という不殺生戒。生活のさまざまな場面で活かしましょう。

十重禁戒②

誰かの話を、自分のことのように話さない

――第二　清い心をもち、人のものを盗みません……「不偸盗戒《ふちゅうとうかい》」を活かす

他人様のものを盗んではいけない、というのは当たり前のことです。

しかし、ブランドもののコピー商品が出まわったり、論文を〝コピペ〟で作成したり、など確信犯的に戒を侵す動きもあるのが現実でしょう。

盗むといえば、無意識に、知らず知らずのうちに、そうしてしまっているケースもあるのではないでしょうか。

たとえば、人から聞いた「ちょっといい話」を、自分の持ちネタのように周囲に

話す。あるいは、人から仕入れた知識や見識を、自分の知識、見識のように吹聴《ふいちょう》する、といったことはありませんか？

もちろん、罪深い行為というわけではありませんが、人生の年輪を刻んできた〝おとな〟のふるまいとしては、いかがなものでしょう。

そのことによって、「とても話題が豊富な人」「すごく幅広い知識を持っている人」といった評価を得たとしたら、少々、くすぐったい思い、後ろめたい気持ちにならないでしょうか。

「これは○○さんからうかがった話ですが～」

「○○さんに教えていただいたのですが～」

そんなふうに〝出典〟を明らかにしたほうが、よほどすっきりすると思いますし、おとなとしての品格も感じさせるという気がするのです。

そして、聞いている側もずっと心地よいはずです。

こんな「不偸盗戒」の活かし方も、心にとめておいてください。

十重禁戒③

人に邪険な対応をしない

――第三　清い心をもち、邪《よこしま》なことはしません……「不《ふ》邪《じゃ》(貪《とん》)婬戒《いんかい》」を活かす

この戒はズバリ、浮気、不倫をしてはいけないということです。

あれこれ説明する必要はありませんね。

〝邪なこと〟全般にまで範囲を広げると、心得ておくべきことがありそうです。

ところで、「邪」という字がつく熟語はかなりたくさんあることにみなさんは気づいているでしょうか。

「邪魔」「邪悪」「邪心」「邪道」「邪説」「邪教」「邪推」「邪険」……。

こうして見ると、ついしてしまいがちなことがある気がしませんか？

たとえば、邪魔です。子どもが家庭をもって独立し、孫が誕生した。孫は〝目のなかに入れても痛くない〟と聞きます。

しかし、可愛いからといって、そうそう頻繁に孫の顔を見に行くのはどうでしょうか。子どもの家には彼らの生活スタイルがありますし、もとは他人の配偶者もいるのです。舅や姑が訪ねてくれれば、それなりの気遣いをしなければなりません。「訪ねてくださるのはありがたいけれど、こういつも、いつもでは、気疲れしてしまう」ということにもなります。

子ども宅の訪問は節度をわきまえたものであるべきでしょう。そうしないと、早晩〝招かれざる客〟〝邪魔な存在〟となってしまう可能性、おおいにありです。

邪険にも要注意。自分の腹の虫の居所が悪いときなど、周囲への対応が邪険なものになったりしないよう、常に心づもりをしておく必要があるのではないでしょうか。邪険な対応は人間関係をギスギスさせる大きな原因です。

十重禁戒④

小さなうそが大きなうそを招く

――第四　うそ、偽りをいいません……「不妄語戒《ふもうごかい》」を活かす

うそ、偽りについても、残念ながら、まかり通ってしまっているというのが、この時代でしょう。企業ぐるみの偽装工作や粉飾決算など、例をあげれば枚挙にいとまがないというのが実情です。

うそも偽りも、はじめは小さなものであることが多いのだと思います。

しかし、**小さなうそを糊塗《こと》するために、さらにうそを重ねなければならなくなる。その連鎖で、結局、取り返しがつかない事態になるのです。**

人間関係でも、いちばん避けなければならないのが、うそ、偽りです。人間関係の土台は信頼でしょう。おたがいに相手が信頼できるから、いい人間関係が築かれ、また、保たれるのです。

信頼を失わせる元凶がうそ。

長い時間をかけて培ってきた信頼も、たった一度のうそが壊してしまうということが珍しくありません。

そのことはあらためて肝に銘じておく必要があります。

人間関係を築く際、もっとも大切なことは、誠実であることだと思います。つまり、**うそ、偽りで、自分を飾り立てたり、見栄をはったりしないこと**ですね。現役時代のキャリアについて、盛ってしまったりするのが、〝自己粉飾〟の典型的なケースといえるかもしれません。

うそ、偽りは自分を窮屈にしたり、苦しくしたりするだけです。**「素の自分」でいるのが、いちばん心が軽く、清々《すがすが》しいのです。**もちろん、いい人間関係の原点もそこにあります。

十重禁戒⑤

お酒は適切な量をたしなむ

――第五　酒に溺れるようなことはしません……「不酤酒戒《ふこしゅかい》」を活かす

わたしは日常ほとんどお酒をたしなみませんが、「酒は百薬の長」という言葉があるように、適度に飲むのであれば、健康にもいいようですし、人とのコミュニケーションを円滑にしたり、深めたりする効果もあるのだと思います。

通常、禅寺の山門の前に「不許葷酒《くんしゅ》入山門」という文言を書いた結界石が立てられています。

お酒や香りの強い食べものは、山門に入ることを許さない、ということです。

しかし、禅僧もさるもの、お酒のことを「般若湯《はんにゃとう》」「智水《ちすい》」などと呼んで、山門内に持ち込んでいたようです。般若は智慧のことです。

すなわち、智慧のお湯や水なら、いただいてもかまわんだろう、とずいぶん〝身勝手〟な、また、都合のよい解釈をしていたのです。

お酒好きな人は、ともすると、〝適度〟のレベルを超えがちです。

もちろん、たまに友人、知人と楽しい酒宴を催し、「ちょっと、飲み過ぎたかな」ということなら、まあ、許容範囲だと思いますが、自宅であまり飲むのは、身体も、心も、壊すことにつながります。

時間のルールを決めたらいかがでしょう。「夕食までは飲まない」「二時間で盃（グラス）を置く」……といったものがそれ。

最初は少々物足りなくても、ルールを守っていると、それが習慣になって、いつでも適度な飲み方ができるようになるのではないかと思います。

いい古された表現ですが、やはり、「酒は飲んでも、飲まれるな」が、お酒とのつきあい方の鉄則です。

十重禁戒⑥

他人の過ちを責めない

――第六　人の過ちを責め立てません……「不説過戒《ふせっかかい》」を活かす

「自分のことは棚に上げて……」という言葉があります。

他人の過ちはよく見えるいっぽうで、自分の過ちは、案外、見えない、気づかない、のが人というものなのでしょう。

そこで、他人の過ちを責め立てることになったりする。しかし、過ちをおかさない人、失敗しない人などいないのです。「ブーメラン」といういい方がありますが、**他人を責め立てたら、同じようなことで、今度は自分が責められる、**といったケースは、少なくないのではないでしょうか。

たとえば、夫婦関係。特に一方が定年退職するなどして、環境が変わると、関係性も変わってくることがあります。相手のすること、なすことが、嫌でも目につくようになってくるのです。

「今日は十時に出かけるって、昨日の晩からいっていたじゃないか。準備にいつまでかかっているんだ！」

たしかに、準備が遅れたのは相手の〝過ち〟かもしれません。

しかし、声を荒らげて責め立てるほどのことでしょうか。故意に準備を遅らせていることはないはずですし、ゆったりお茶でも飲んで待っていればすむことではありませんか。

責めたことで、二人そろってのその日の外出が、どんなものになるかは明らかです。気まずい雰囲気がつづいて、ロクに言葉も交わさない、ということにもなりかねませんね。それでは、買いものをしても、食事をしても、ちっとも楽しくない。すべての原因は、些細な過ちを責めたことにあるのです。

おたがいをおおらかな目で見ていく。それが、身近な人間関係でいちばん大事なポイントかもしれません。

十重禁戒⑦

栄光は秘めてこそ輝き、語るほどに色褪せる

――第七　みずからを誇り、他人をけなすことはしません……「不自讃毀佗《ふじさんきた》（他《た》）戒《かい》」を活かす

人がいちばん不快になったり、辟易《へきえき》したりするのは、他人が語る自慢話ではないでしょうか。周囲はうんざりしているのに、語っている本人だけが悦に入っている、というのがその基本型です。

それまでの人生で自分があげた成果や実績、手にした肩書きや地位を誇りに思うのは、少しもかまわないのです。**誇りは生きていくうえで糧にも、勇気にもなるでしょう。**

しかし、それをわざわざ他人様に聞かせることはないのです。

「○○商事の役員をしておりましてね……」

「ニューヨークの現地法人のトップをつとめておりまして……」

周囲が眉をひそめているのがわかりませんか？

「あ〜あ、また、また、○○さんの十八番《おはこ》が始まっちゃったよ。これは長くなるぞ。まいったな」

それが聞かされる側の本音でしょう。

そんなことがたび重なれば、敬遠されることにもなります。人生に潤いを与えてくれ、彩りを添えてくれるのは、なんといっても、人とのつながりです。それをみずから手放すなんて、もったいないですし、愚かなことだと思うのです。

栄光は秘めてこそ輝き、語るほどに色褪せる。そのことをしっかり嚙みしめておきましょう。

他人を貶《おとし》めるような言動はもってのほか、論外です。そうすることで自分が上に位置していると感じたいのかもしれませんが、その〝思惑〟は、まず、奏功することはありません。自分の了見の狭さ、度量のなさを、みずからあからさまにしているだけ。そこに気づいてくださいね。

十重禁戒⑧

時間、お金を誰かのために使う

――第八　ものでも、心でも、施すことを惜しみません……「不慳法財戒《ふけんほうざいかい》」を活かす

お寺や神社にお参りするときには、お賽銭を投げるのが日本人の慣例です。禅ではそれを「喜捨《きしゃ》」といいます。文字どおり、喜んで、捨てる。お金を手放すのに、なぜ喜ぶのか、不思議に思われるかもしれませんね。説明しましょう。

お金は執着《しゅうじゃく》の対象です。それを手放すことは、執着を捨てる、執着から離れる、ということなのです。人を迷わせる煩悩の最たるものである執着がなくなるわけですから、その行為は喜びなのです。

また、**自分のものを手放すことは、失うことではありません。めぐりめぐって、それが何倍にもなって戻ってくる。それが禅の考え方です。**

「世の中のため」「人のため」ということを課題に、あるいは、行動原理にしてみてはいかがでしょう。

喜捨ということでいえば、募金や寄付をするのもいいでしょうし、行動（身体）を〝施す〟なら、ボランティア活動への参加などがそれにあたるでしょう。友人の悩みを親身になって聞く、窮地に立っている知人にアドバイスを送る、といったことは、心の施しといえるでしょう。これを仏教では「布施行《ふせぎょう》」といいます。

どんなかたちであれ、施すことは自分の喜びになります。悩んでいた友人が、晴れやかな顔になって、「聞いてくれてほんとうにありがとう。気持ちがずっとラクになったよ」。そんなふうに感謝してくれたら、心からうれしくなりませんか？ 相手から喜びをいただいた気がしないでしょうか。

世の中のため、人のために、なにかができるはずです。どうぞ惜しまず、施しましょう。

十重禁戒⑨

怒りそうになったら、まずは深呼吸

——第九　怒りに燃えて、みずからを失いません……「不瞋恚戒《ふしんいかい》」を活かす

喜怒哀楽の感情のうち、いちばん〝爆発力〟があるのが怒りでしょう。そのため、みずからを失って、暴走することにもなりかねないのです。

「アンガー・マネジメント」というメソッドがありますが、怒りをどうコントロールしていくかは、誰もが取り組まなければいけないテーマ。人生経験を経た人であれば、なおさら重要になってくるでしょう。

禅は、「怒りを頭に持ち上げず、腹にとどめなさい」と教えます。

誰かの言動にカッとなることは、当然、あるでしょうし、あっていいのです。

しかし、それに対して、「どうしてあんないい方をするんだ。悪意があるに違いない。よぉし、こっちも対抗しなくちゃ」と考えるから、怒りがさらに燃えさかるのです。

これが、頭に持ち上げるということ。

いっぽう、**怒りが湧いたら、深い呼吸（おなかから吐き出して、吸った息をおなかにまで下ろす丹田呼吸）を数回して、間をとるのが、腹にとどめるということです。**

すると、だんだん気持ちが鎮まっていって、怒りは消えてしまいます。

いつも紹介しているのですが、わたしが敬愛してやまない板橋興宗《いたばしこうしゅう》禅師の〝怒り撃退法〟があります。

板橋禅師は曹洞宗大本山總持寺《そうじじ》の貫首までつとめておられた方ですが、そんな高僧でもときにはカッとすることがあるといいます。

その際、呼吸を整えたのち、板橋禅師は心のなかで三回、

「ありがとさん、ありがとさん、ありがとさん」

と唱えるのだそうです。その効果は絶大である、と禅師はおっしゃっています。

言葉は自分が心静かになれるものなら、なんでもいいのです。

「気にしない、気にしない、気にしない」

「平気、平気、平気」……

など、しっくりくるものを探しましょう。

十重禁戒⑩

真理に沿って生きていく

――第十 「仏」「法」「僧」の三宝を誹謗中傷しません…… 「不謗三宝戒《ふほうさんぼうかい》」を活かす

お釈迦様とその教え、そして、それを実践している僧侶を非難したり、中傷したりせず、大切なものとして受けとっていく、というこの戒を、一般の人に引き寄せると、「真理に沿って生きていく」ということになるかもしれません。

そのためには、まず、真理に気づくことです。

「真理に気づく？　修行を積まなくても、そんなことができるのか？」

そう考える人が少なくないでしょう。しかし、真理はわたしたちのまわりのいたるところにあるのです。

たとえば、毎年変わらずにめぐってくる四季。春になると花々が開き、夏には入道雲が湧き立ち、蟬が命のかぎりに鳴く、秋になると葉が色づき、冬には大地に還っていく……。

そうした季節の移ろいは、真理のあらわれそのものなのです。それを体感することは、真理に気づくことですし、**その移ろいのなかで、自分も命をいただいて、生かされていることに感謝することは、真理に沿うことでもあるのです。**

家の近くでも、郊外でも、ゆっくり歩を進めながら、移ろいを体感する。

「ふくらんでいたつぼみが、今朝は花開いている。春がやってきたんだなぁ」

「葉の紅がこんなに鮮やかになった。秋の深まりのなかにいるのが、ヒシヒシと実感できる」

そんな時間を、ぜひ、もってください。そして、真理とともにある自分を感じましょう。

2章

命を輝かせる
「心」の持ち方

――減らす、手放す、受け容れる

とにかく、かくしゃくと生きる
——挨拶ひとつも全力投球

定命《じょうみょう》をまっとうする。

そのうえで大切なことのひとつが、**どのような状況、場面にあっても、かくしゃくと生きる、その心を持ちつづける、**ことだと思います。

前章で山本玄峰《げんぽう》老師について触れました。山本老師の生きざまは常にかくしゃくたる風情をたたえたものだったのだと思います。それを示す、よく知られるエピソードがあります。

老師の姿を見た剣術の達人が、こう呟いたというのです。

「あの人は斬れない。衣と身体がひとつになっている」

老師が光を失っていたことはお話ししましたね。

しかし、心眼を開いていた老師は、心の目ですべてを見据えていたのです。そのすさまじい眼力、衣と身体が一体になった姿の前では、剣豪といえども微動だにできなかった、ということでしょう。

かくしゃくと生きるために必要なのは、どんなことにも全力投球していくことだ、とわたしは考えています。禅語にこんなものがあります。

「一行三昧《いちぎょうざんまい》」

目の前にあるひとつのことに集中していく、そのことだけを全力でやる、やり切ってしまう、という意味です。 ただなんとなく、所在ないまま、一日がすぎてしまう、といったことはありませんか？

そうであるからこそ、いつも全力投球する姿勢でいることが大事なのです。といっても、〝できること〟を見つけるという意味ではありません。〝すること〟に全力を傾けるのです。

すなわち、あらゆることに「一行三昧」で取り組んでいく、ということです。

たとえば、朝起きて、家人と顔を合わせる。

「おはよう！」と明るく声をかけているでしょうか。顔を見て、ちょっと頷《うなず》くだけ、ということはありませんか？

いや、なかには、顔さえ見ないという人がいるのかもしれません。

これでは、朝の挨拶に全力投球して（心を込めて）いるとは、到底、いえないのではないでしょうか。

「たかが、家人との挨拶じゃないか。そんなに目くじらを立てなくても……」

そう反論する人もいるでしょう。では、挨拶はいい加減、疎《おろそ》かにして、なにになら全力投球をするのですか。

行動、ふるまいの土台になるのは心の持ち方、気持ちの在り様なのです。

いい加減な挨拶の根っこにあるのは、いい加減な心であり、気持ちでしょう。

一事が万事。その気持ちはなにをするときも、根っこにあるのです。

そう、**挨拶に全力投球できない人は、なにをするのでも全力投球などできるはず**

がないのです。

おたがいに全力投球で挨拶の声をかけ合う場には、明るい、清々《すがすが》しい空気が流れます。ロクに挨拶もしない場の澱《よど》んだ空気とは雲泥の差です。

どちらが、溌剌《はつらつ》として、かくしゃくと暮らす場、生きる場所にふさわしいか、これは、いうまでもありませんね。

全力投球していると、背筋が伸びます。どんなことにも〝やり切った感〟を持つことができますから、心はいつも軽やかです。シャキッとした姿勢と軽やかな心……。これらはかくしゃくと生きるうえで、欠かすことのできない要素だと思うのですが、いかがでしょう。

挨拶、感謝、呼ばれたときの返事……といった些細だと思われることを疎かにしない。それが、全力投球する心をつくっていきます。その気持ちを盤石なものにしていくのです。

たかが挨拶、されど挨拶、ですよ。

歳をとることは円熟すること

――どのように老いるかは自分しだい

四苦（生老病死）のひとつである「老い」は、誰も避けることはできません。

しかし、どのように老いるかは、自分にかかっている。つまり、自分しだいで大きく違ったものになるのです。

「体力もなくなってしまったし、気力も衰えるばかり。なんだか、滅入ることが多くなってきたな」

老いをそんなふうに受けとめていたら、充実して生きることはできないでしょう。

たしかに、老いには、それまで備わっていたものが失われる、できていたことができなくなる、といった現象がともないます。

そこに目を向けていたら、気持ちは萎《しぼ》んでいきます。しかし、老いがもたらすのはそんなマイナス面ばかりでしょうか。前章にも登場していただいた板橋興宗《いたばしこうしゅう》禅師は、こんなことをおっしゃっています。

「歳をとるということは、老いることではない。円熟することだ」

老いを円熟と捉える。すると、それがもたらす違ったものが見えてきます。心の豊かさ、おおらかさ、度量の広さ、深さ、といったものが、その代表格かもしれません。

それらは充実して生きる力強い味方、大いなる武器、になると思いませんか？

少々、やっかいなことが起きても、豊かな心で受けとめていける、若い頃には腹を立てていたことも、おおらかに受け流せる、人の悩み事や心配事に、億劫《おっくう》がらず、広い度量で耳を貸せる……。

どれも、円熟の域に入っているからこそ、できることではないでしょうか。〝若さ〟では太刀打ちできないふるまいです。そうした円熟味を随処で発揮していく。充実感たっぷりの生き方です。

禅語を紹介しましょう。

「閑古錐《かんこすい》」

使い込んで古くなった錐《きり》は、先が丸くなって切れ味も鈍くなり、鋭い穴を開けることはできないが、胴の部分は黒光りして、なんともいえない風格が備わり、深い味わいがあるものだ、という意味です。

円熟に重なりますね。**この閑古錐が、老いてからの、いや、円熟味を備えてからの、生き方の理想でしょう。**その対極にあるのが次の句のような生き方です。

「欠け椀も　もとは吉野の　桜なり」

いまはこんな欠けた椀になりはててしまったが、かつては吉野の山で、「おお、なんと美しい」と人びとの称賛を一身に浴びた桜であったのだ、というのがこの句のいわんとするところです。

過去に思いを馳せ、いまを嘆く。これがいちばん困ります。後ろばかりを向いていて、前を向けないため、生きるのを空しくするからです。円熟を忘れた、衰退の姿でしょう。

さあ、欠け椀であることを嘆いて生きるか、閑古錐として堂々と生きるか……。

答えは決まっていますね。

無駄な抵抗はやめる

——〝相応の自分〟を受け容れる

禅では「苦」をこう考えます。

思いどおりにならないことを、思いどおりにしようとするところに、苦しみが生まれる。

努力しなくても、歳だけはとる、という言葉があるようですが、歳を重ねるのは誰にも等しく与えられた定め。自分の思いどおりにはなりません。

「いつまでも三十歳のままでいたい」

「健康な自分でいたい」

いくら願ったところで、そうなるはずはないのです。
願えば願うほど（思いどおりにしようとすればするほど）、そうならないことで悩み、苦しむことになります。

苦しまないコツはひとつ、定めに抗わないこと、無駄な抵抗はやめることです。

ただし、流れにまかせっぱなしにすることと抗わないこととは違います。「もう、いいや……」と身なりをかまわなかったり、身体を動かさなかったり、食事に気を使わなかったりするのはまかせっぱなしです。

抗わないこととは、**体力や気力を保つための努力はしていく、食事にも注意を払う、生活を規則正しいものにする、身なりや美しさにも気配りする、といったことはしたうえで、執着《しゅうじゃく》しないことです。**

人は誰でも、（努力、気配りをすることを含めて）その人〝相応〟に歳をとっていくのですし、それがいちばん自然なのです。

ハダカデバネズミというネズミの仲間の哺乳類がいます。じつはこのハダカデバネズミは老化しないのです。ですから、老衰死することはなく、死ぬのはケガや病気によってです。しかも病気にはなりにくいといいます。

「なんともうらやましい！」そう思いますか。

もちろん、現実にはあり得ないことですが、六十代、七十代になって、見かけが、たとえば、二十代、三十代である自分を想像してみてください。それが誇らしいでしょうか。うれしい気持ちになりますか。

そうではないでしょう。実年齢とのあまりのギャップをつらいと感じたり、恨めしいと思ったり、するに違いないのです。心が病んで、二十代、三十代の〝姿〟のまま死んでしまう、ということになるかもしれません。そこに「よき死」はありません。

〝相応の自分〟を受け容れて、一生懸命、楽しく、生きていきましょう。それが「よき死」へのたしかな足どりです。

欲ばるほどに、心は貧しくなる

――「足る」を知らない者は、どんなに裕福でも満足できない

「知足《ちそく》」を知っていますか?

文字どおり、「足る」を「知る」ということです。お釈迦様は知足について、こんな言葉を残されています。

「知足の人は地上に臥《ふ》すと雖《いえど》も、なお安楽なりとす。不知足の者は天堂に処すと雖《いえど》も亦意《またこころ》に称《かな》わず。不知足の者は、富めりと雖《いえど》も而《しか》も貧し」

その意味は、**足るを知る人は、地上に寝るような生活をしていても、心安らかで、幸福を感じていられる。足ることを知らない者は、天にある宮殿のような処に住ん**

でいても、心が満足することがない。足ることを知らない者は、どれほど裕福であっても、心は貧しい、ということです。

足ることを知るとは、いま、自分が置かれている環境や状態、持っているものに関して、「もう、これで十分。ありがたいなぁ」と思えること、その心でいること、といっていいでしょう。

欲から離れること、と考えてもいいですね。

欲というのはとてもやっかいです。

なにかが「欲しい」と思い、それを手に入れて、満足感を覚える。しかし、その満足感は長くはつづきません。すぐにもまた別のものが欲しくなるのです。

いったん欲にとらわれると、際限がなくなります。歯止めがきかなくなるのです。

しかし、欲しいもののすべてが手に入るはずもありません。その結果、心がかき乱され、騒ぐことになる。

「欲しい、もっと、欲しい」という思いにふりまわされるのです。

ふくれあがった欲は、どんどん心を貧しくします。どこかで断ちきらないと、その貧しい心のまま人生を終える、ということにもなりかねません。

自分の暮らしを振り返ってください。

必要なものは大体備わっているはずです。もちろん、あればもっと便利になる、より快適に暮らせる、というものはあるかもしれません。

しかし、それらは「なくてもいい」ものでしょう。

欲を断ちきるヒントがここにありそうです。

欲しいか、欲しくないか、ではなく、「なくてもいい」かどうか、という視点でものと向き合っていくのです。

道元《どうげん》禅師にこんな言葉があります。


「放てば手に満てり」

欲を手放したら、心に豊かさが満ちてきます。

孤独の豊かさを味わう

——寂しい「孤立」、豊かな「孤独」

みなさんは、「孤独」という言葉からどんなことを連想するでしょうか。

独りぼっち、寂しさ、切なさ……といったものが、まず、思い浮かぶかもしれませんね。

わたしは少し違う孤独の捉え方をしています。

世間から隔絶され、周囲にまったくつきあう人もいない、というのは孤独ではなくて、「孤立」です。これは寂しいと思いますし、心細くもあるでしょう。

孤独はそれとは違って、十分に豊かですし、存分に楽しむことができるものだ、

とわたしは思っています。歴史上に孤独を楽しんだ人を探せば、漂泊の僧であり、歌人でもあった、西行《さいぎょう》さんの名が上がるでしょうか。

由緒ある武家の出でありながら、若くして出家し、諸国をめぐる旅をつづけた西行さんは、京都北麓の山中に庵《いおり》を結び、隠棲《いんせい》していたことで知られています。その〝孤独〟な暮らしぶりはどんなものだったのでしょう。

大自然の真っ直中ですから、四季折々の変化を肌で感じることができたでしょう。小鳥の声や虫の音に耳を傾け、心地よい風のそよぎに身をゆだねる、といったことも日常茶飯だったと思われます。

春には咲き誇る花を愛で、秋はさえざえとした月を楽しむ。そんな時間をもったであろうことも、想像に難くありません。

これは、**禅僧の理想であり、孤独の豊かさを思うさま味わう生活といっていいでしょう。自然のなかで、ときの移ろいとともに生きることを、古来、日本人はもっとも贅沢なものとしてきたのです。**

そのいっぽうで、西行さんは京の町に下りて、人びとと交流もしています。お酒を酌み交わし、和やかに語り合い、笑い合う、西行さんの姿が彷彿《ほうふつ》とします。〝メリハリ〟の利いた孤独な暮らしだったのです。

老いの暮らしのお手本。

そんな気がしませんか？

周囲の気の合った人たちと親しく交流するのは楽しいものですが、孤独の豊かさを心ゆくまで味わうのも、また、格別の楽しさです。

それには、やはり、自然のなかに身を置くのがいちばんです。自然に囲まれた、鄙《ひな》びた温泉にでも宿をとって、独り、のんびり、気ままに時間をすごす。散策するのもいいでしょうし、夜は好きな作家の本を読んだり、スマートフォンでお気に入りの音楽を聴いたり……。心を静めて、来し方、行く末に思いを馳せるのもいいではありませんか。

孤独の豊かさに満ちたときの流れがそこにあります。同時にそれは、これ以上ない心身のリフレッシュになるに違いありません。

西行さんは七十三歳で入寂《にゅうじゃく》していますが、晩年にこんな歌を詠んでいます。

願はくは
花の下《した(もと)》にて
春死なん
そのきさらぎの
望月のころ

できることならば、二月（旧暦）の満月の頃、桜の花の下で死にたいものだ、という意味です。

驚くのは、その歌のとおりに死を迎えている、ということです。旧暦二月は桜の花の最盛期。まさしく、願ったとおりに、西行さんの人生に幕が下りたのです。

いかがでしょう、孤独に対する印象が変わったでしょうか。ともすれば、**人は孤独を怖れがちですが、積極的に孤独を楽しむすべはあるのです。**

一病息災で生きる

——毎朝、自分の身体に耳を傾ける

人が抱える大きな悩みとして、「健康問題」があります。健康に問題が起こると、どんな悩みも小さく感じ、ふき飛んでしまいます。それほど、健康は大事なものです。

ときどき、「無病息災が自慢なんだ」という人がいます。たしかに、病気にかかったことがないのが、理想といえるかもしれません。しかし、そこには落とし穴もありそうです。無病で医者いらず、病院知らず、という人は、万一、病気にかかっても、気づきにくいのです。

そのため、はっきり症状があらわれて、病院に駆けつけたら、ずいぶん進行していた、ということにもなりがちです。

病気はとにかく、早く見つけること、早期発見が重要。無病自慢だからといって、あまりに健康を過信していると、とりかえしのつかないことになるケースもある、ということは知っておきましょう。


無病息災より、むしろ一病息災がいい、といわれます。


軽い持病のひとつでもある人は、ふだんから健康に気を配っているものですし、定期的に医師の診察や検査を受けることになっているはずです。別の病気があれば、その際に見つかる確率は高い。ですから、早期発見、早期治療、という望ましい処置が受けられるわけです。

無病であっても、とくに体調不良の自覚症状がなくても、年に一回は人間ドックを受ける。費用はかかりますが、そのときの健康状態を知ることができますし、注意が必要なことがあれば、ただちに対応することもできます。

日々の健康管理についても触れておきましょう。

わたしにはとっておきの方法があります。

朝のお勤めのときの声の出具合と、**お勤めをすませたあと、必ずいただくお茶の味です。**

そのお茶の味で、その日の体調を知ることができるのです。


お茶がまろやかに感じられるときは、体調は万全です。

ところが、苦味を強く感じることがあるのです。これが不調のシグナル。疲れがたまっていたり、少し熱っぽかったり……。そんなときに決まってこのシグナルがあらわれます。

体調がわかれば、そこに配慮して、その日をすごすことができます。

「今日も体調万全だ。これなら、少々、無理をしても大丈夫だな」

「ちょっと今日は体調が下降気味だから、スケジュールはゆるめにこなそう」

という塩梅《あんばい》。このシグナルのおかげで、休むべきときは、休むことができ、何日も寝込むということは、まず、ありません。

この枡野流の健康管理術、みなさんも採用してはいかがでしょう。

ただし、ひとつ条件があります。起床時間、就寝時間をほぼ一定にして、規則正しい生活をする。毎朝、同じ時間にお茶をいただく、というのがそれです。

夜更かしをして、お昼近くに起きる、といった生活パターンでは、シグナルは働きません。規則正しい生活への切り替えから始めてください。

「長生き」を目標にしない

――長さより質を極める

長生きは、あくまで結果であり、目標ではない。

目標にすべきなのは、どんな一日も、もっとフォーカスすると、どんな瞬間も、充実してすごすことでしょう。

よくこんな質問を受けることがあります。

「坐禅をすると、どんなよいことがありますか？」

坐禅の〝効用〟を知りたいというわけです。

しかし、坐禅はなにかのためにするのではなく、なにかよいことを得るためにするのでもありません。つまり、〝手段〟ではないのです。**すわること自体が目的であり、すわることがすべてなのです。それ以外のことはいっさいなし、です。ですから、すわることだけに集中することができますし、そこに充実感も、心地よさもあるのです。**

自分のしたいこと、楽しいこと、心地よいこと、充実できること……を脇に置いて長生きにつとめるなんて、つまらないと思いませんか？　時間が、瞬間が、もったいなくはないですか？

健康（長生き）のためのジム通いより、カメラをぶら下げて、大好きな写真を撮って歩くほうが、前からやってみたかった陶芸を始めるほうが、ずっと楽しいし、充実している、と思うのですが、いかがでしょう。

定命《じょうみょう》が尽きようとするときに、「長生きするためにしてきた、あの努力はいったいなんだったのか」という思いになるのと、「やりたいことが十分にできた。いい時間をすごせたなぁ」と思えるのと、さて、どちらがいいですか？

〝目標は長生き〟のスローガンは捨てましょう。

九十過ぎのはなたれ小僧

――心から「ワクワク」できる人になる

それほど頻繁にあるわけではありませんが、わたしは寺のお檀家さんと話をするのが楽しみです。そんな折にお檀家さんから「う～ん、すごい！」と思わず唸らされる名言が飛び出すことがあります。これもその一例です。

「わたしは九十過ぎのはなたれ小僧ですから……」

名言の主は、いまは亡くなってしまったのですが、現役時代はオーディオ機器メーカーの技術者だった人です。昔とった杵柄《きねづか》ということでしょうね。リタイア後もその技術を活かした発明に余念がなく、現役時代の仲間が集まっては、〝自信作〟の発表会をしていたのです。

「おぉ、今回はすごいのつくったな」

「いや、いや、おまえの作品のほうが見栄えはいいじゃないか」

おそらく、和気あいあいのうちに、忌憚《きたん》のない、そんな会話が飛び交っていたのでしょう。これって、どこか、はなたれ小僧たちが集まって、わいわい、がやがや、といいたいことをいい合っている光景に重なる気がしませんか？

ご本人の自己認識は、みごとに的を射たものだったと思います。佇まいが若々しく、ユーモアを感じさせる語り口で、話題にも幅広く通じている。いつも周囲を楽しくさせるその人の生き方の秘訣は、九十歳を過ぎてもはなたれ小僧でいられる、そのことにあったのだ、といまさらながら思うのです。

はなたれ小僧の真骨頂はどこにあるのでしょう。

わたしは旺盛な「好奇心」だという気がします。どんなことにも好奇心を向けられるから、心からワクワク感が失われないのです。

歳を重ねると、世の中のことがわかったような気になって、興味をかき立てられたり、おもしろがったり、感動したり……することが、少しずつ、なくなってくると思うのです。

世の中で注目されていることにも、「その程度のことで大騒ぎするなど、アホらしい」、周囲がこぞって賛辞を送るようなできごとにも、「たいしたことではないではないか」……。いわゆる、〝わけ知り顔〟というやつです。

これが、心からワクワク感を奪うのです。心は固まってしまって、みずみずしさがなくなります。心の老化です。こんな禅語があります。

「身心一如《しんじんいちにょ》」

身体と心は一体であり、切り離すことができない、という意味です。

もう、おわかりですね。**心が老化すれば、身体だっていっしょに老化していくのです。それでは、はなたれ小僧にはなれません。**

わけ知り顔のはなたれ小僧なんて想像できますか？　どんなにイメージをふくらませてもできるはずがないでしょう。

好奇心を持ちつづけましょう。めざすは、七十代、八十代のはなたれ小僧です。

それで、いつまでも、心ワクワク、身体いきいき、です。

「七十にして心の欲するところに従えども矩《のり》を踰《こ》えず」

――論語を人生の規範としてみる

儒家の始祖とされる孔子が弟子たちとのあいだで交わした問答を、あとになって弟子たちがまとめたのが『論語』です。

なかでも、誰もがよく知っているのが次のくだりでしょう。

子曰《しいわ》く
吾《わ》れ十有五にして学に志す
三十にして立つ

四十にして惑わず
五十にして天命を知る
六十にして耳順《したが》う
七十にして心の欲するところに従えども矩を踰えず

子とは孔子自身のこと。その孔子が次のことを語った、というわけです。

わたしは十五歳で学問の道を志すことを決めた
三十歳になって学問の道で自分の立場を確立した
四十歳ではものごとの判断に迷うことがなくなった
五十歳で天から与えられた自分のなすべきことを知った
六十歳ではどんなことも素直に聞けるようになった
七十歳になると自分の思うようにふるまっても、道理から外れなくなった

これからの人生、少しは孔子に倣《なら》って、歩いていくことを考えませんか。

「六十にして〜」「七十にして〜」あたりは十分ターゲットになります。

人の話を素直に聞くことは、人間関係でいちばん重要なポイントでしょう。自分が話しているときのことを想像してみてください。

話の途中なのにもかかわらず、言葉を差し挟んで、割り込んでくる、一生懸命話しているのに、うわの空で聞いていることがあからさまにわかる、自分が出した話題を横取りしてしまう……。

そんな人に好感がもてるでしょうか。

誰の答えも「ＮＯ」ですね。好感がもてるのは、やはり、自分の話を素直に、最後まで、真剣に、聞いてくれる人です。人間関係のなかで、その姿勢を持ちつづける。そう心がけるようにしたらいかがでしょうか。

「○○さんと話をしていると、いつもなぜか心地よい。つい、本音が出てしまう」

本音で話すということは、心の垣根が低くなった、あるいは、とり払われた、ということでしょう。人間関係が深まっていくのは必然です。

「七十歳になると自分の思うようにふるまっても、道理から外れることがなくなった」はかなりの難敵です。

わたしは「感謝」がヒントになるのではないか、と思っています。一日が終わり、眠りにつく前に、その日のことを思い返して、「ありがたいな」と感じたことを見つけるのです。

誰かがいってくれた言葉でもいいですし、してくれた行動、ふるまいでも、寄せてくれた心でもいい。もちろん、小さなことでいいのです。

「○○さんに挨拶したとき、『風邪気味だとおっしゃっていましたが、お加減はいかがですか？』といってくれた。ずっと気遣ってくれていたんだな、と感じてうれしかった」

うれしかったら、ありがたかったら、感謝です。心のなかで「ありがとう」をいう。つまり、感謝をして眠りにつくのです。これを習慣にするのはどうでしょう。一日を感謝で締めくくる。それをつづけていたら、言動は道理に沿ったものになります。なぜなら、感謝の心は道理の本流といっていいからです。

思いどおりにしていながら〝矩を踰えない〟自分に、一歩、一歩、近づいていきます。

死の悲しみをどう受けとめるか

――故人は「いなくなったのではない」

両親やきょうだい、また、配偶者や親しい友人の死は、人生で体験する悲しみでも、もっとも深いものといえるでしょう。

悲しみの源は「喪失感」だと思います。

いままでそばにいてくれた人が、いなくなってしまった。心にぽっかり穴が開いたようになって、容易なことでは悲しみから立ち直れない、ということがあっても不思議はありませんね。

ところで、身近な人の死に際して、気丈にふるまうことが立派である、と考えている人は少なくないのではないでしょうか。

わたしは違う考え方をしています。

葬儀の席でグッと涙を堪《こら》えている姿が、参列者に感銘を与えることはたしかなのでしょう。しかし、**悲しいときは涙を流せばいいではないですか。**葬儀の席ですから、節度は必要だと思いますが、なにも無理やり感情を抑えつけて、気丈さを示さなくてもいい、とわたしは考えています。

流れるだけ涙を流し、流し切ったら、禅的にいえば、悲しみとひとつになったら、それが立ち直りのきっかけになります。そのときに、心に置いていただきたいのは、故人は「いなくなったのではない」ということです。

亡くなることを「旅立つ」といいますが、まさしく、故人は旅立たれたのです。向かった先はどこでしょう。仏国土《ぶっこくど》です。仏国土はご先祖様たちがいらっしゃるところです。

ご先祖様たちは、仏様の教えに導かれて、仏国土に赴き、そこで静かに、平穏に暮らしています。

仏国土について、弘法大師空海さんは、こんな歌を詠んでいます。

阿字の子が
阿字のふるさと
立ちいでて
また立ち帰る
阿字のふるさと

ここに詠われている「阿字のふるさと」が仏国土にほかなりません。もう、気づかれたでしょう。そのふるさとは、「立ちいで」たところでもあるのです。

そのもとのところに戻って（立ち帰って）いくのですから、これほど安心なことはありませんね。そのことがわかっていたら、悲しみ切ったあとには、穏やかな気持ちで送ることができるのではないでしょうか。

この頃は少子化の影響なのか、ペットを飼う人が増えています。ペットの死もまた、悲しみをもたらします。「ペットロス」という言葉もある。ペットの死も考え方はまったく同じです。ペットも仏国土に還っていくのです。

（人を、ペットを……）穏やかに送ってからなすべきことは、心のなかで生きつづけていただくことです。

折りに触れて思い出し、ともにいたことの幸せをかみしめ、感謝をする、というのがその〝作法〟といっていいでしょう。

3章

「行動」を少し変えてみる

——最期の日までにやっておきたいこと

自分史を書いてみる

——自分の人生を総括する

自分の人生を語ることは、生きた証を残すことです。

やりがいの点では申し分なし、意欲がムクムクと湧いてくる〝大仕事〟でしょう。

ただし、家族や友人にじっくりと語って聞かせる機会は、なかなかないかもしれません。そこで提案です。語るのではなく、書き記すのです。

「自分史」を書く。

これまで自分が歩いてきた人生を思い起こしながら、心に残っているさまざまなことを、率直に書いていけばいいのです（手書きが望ましいですが、ＰＣを使ってもかまいません)。

時系列でたどってもいいですし、印象深いものを思いつくまま、書いていってもいいですね。たとえば、印象深かった言葉についてなら、どの時代に、誰からいわれたもので、いわれたとき、どう感じたり、思ったりしたか、その感じや思いが、その後の自分にどんな影響を与えたか……。

そのあたりをポイントにして、人との出会いや自分がなしたこと、(喜怒哀楽すべてにわたる)経験などについても、書いていったらいいのです。子どもの頃からのアルバムをひもとくと、記憶が甦《よみがえ》ったり、鮮明になったりするはずです。

もちろん、ITが進化したこの時代ですから、〝一人語り〟で音声データとして残すのも可、です。

自分史はのちの世代に読み継がれていくでしょう。親戚一同が集まる席などでは、自分史が話題にのぼるかもしれません。

「五代前のお祖父ちゃん、ユニークな人だったんだね。読んでいて腹を抱えちゃったよ。当然、会ったことはないんだけれど、懐かしい感じがするのは、なぜかな?」

生きた証が伝わっています。早速、自分史に着手、です。

生前戒名を授かる

——戒名にふさわしい残りの人生を送る

ご戒名については「1章」でも簡単に触れました。ここでは少し掘り下げて、お話しすることにしましょう。

現在では亡くなってからご戒名を授かるのが一般的になっています。

しかし、江戸時代には、生前に授かる人がかなり多かったのです。それを「安《あん》名《みょう》授与」といいます。

死をどこかで意識する年齢になると、そのときまでどう生きたらいいか、ということを考えるようになるのでしょう。

戒を受け、ご戒名を授かることによって、それまでの自分をリセットし、心にたしかな拠《よ》り所をもって生きていきたい。そんな思いから、人びとは安名授与を望んだのでしょう。

いまも安名授与をする人はいます。

わたしも年間十人くらいの人に依頼を受けます。夫が定年退職したことを機に夫婦そろっておこなう、伴侶を亡くしたことがきっかけになっておこなう、といったケースですね。

出家するわけではありませんが、仏様の弟子として生きていくことを誓うのが安名授与ですから、生き方に一本筋が通るのだと思います。

「清々《すがすが》しく、心地よく、生きていられる。いま、その実感があります」

みなさん、そんな感想を口にされています。

安名授与をおこなった際には、絡子《らくす》を差し上げます。裏にはご戒名とそれを授けた日付、授けた僧侶としてわたしの名前（大雄俊明）を筆で書きます。これは余談ですが、絡子をかけて寺めぐりをすると、拝観料をとられないこともあります。すでに仏様の弟子になった人として遇されるからです。

わたしは、できれば安名授与をするのがいいと考えています。生きるうえでの拠り所ができる、ということがいちばんの理由ですが、少し現実的なところに目を向ければ、ご葬儀の費用が安くなるということもあります。

ご葬儀のお布施には、ご戒名を授ける費用も含まれています。安名授与をしていれば、そこでその分の支払いはすんでしまいますから、ご葬儀にかかる費用は軽減されるのです。ご葬儀の費用は子どもたちが負担する、というケースが少なくないのではないでしょうか。

安名授与をしておくことは、子どもたちにかける負担を軽くすることでもあるのです。

また、ご戒名についても、亡くなったあとでは、遺族に故人の人となりをうかがって、それを反映するかたちで授けることになります。いっぽう、安名授与では、ご本人に直接、話をうかがうことができますから、より人柄にそったご戒名を授けられるといえます。

わたしの場合は、お話をうかがったのち、二つくらいご戒名の候補を考え、ご本人に選んでいただくようにしています。

安名授与については、いままで知らなかったという人がほとんどではないでしょうか。一度、じっくり考えてみてはいかがでしょう。

年のはじめに「遺偈《ゆいげ》」を書く

――〃かたちのない思い〃を相続する

禅僧には年のはじめにあたって、自分自身の心境を漢詩のかたちで綴る、という習わしがありました。「遺偈」と呼ばれるものです。どんなものかイメージできないと思いますので、実際の遺偈を紹介しましょう。

除草調清境……草を除き、清境を調え
是八十七年……これ八十七年
惟為建功尽……ただ建功の為に尽くす

信歩静安禅……信じて歩すれば安禅静かなり

これはわたしの父枡野信歩（建功寺十七世）が残したものです。

住職をつとめた建功寺から「建功」を織り込み、自身の名である「信歩」を加えたこの遺偈には、一心に禅を行じ、ひたすら寺に心を寄せた、父の生涯が映し出されているような気がします。

禅僧が、その一年のうちに命を落とせば、年初に記した遺偈が辞世ともなりました。みなさんも、禅僧に倣《なら》って、年があらたまったときに、遺偈を書くようにしたらいかがでしょう。

もちろん、漢詩のかたちでなくてかまいません。思いを率直に綴ればいいのです。

そのときの気持ちやその一年の抱負、生きるうえでの信条や家族に伝えたいことなど、書くことはいくらもあるはずです。

「この一年、家族が無事に過ごせることだけ、ただ、それだけを望む」

「今年は『ありがとう』と『ごめんなさい』が素直にいえるようにしよう」

「卑怯なこと、未練がましいことはしないと決めた」

「子どもたちは、やさしくさえあれば、それでいい」

家族がその遺偈を目にするのは、おそらく、自分が死んだあとでしょう。

遺族となっていちばん知りたいのは、故人がなにを思い、どう生きたか、ということではないでしょうか。遺偈からその一端を知ることができます。

「あまりものをいわない親父だったが、ほんとうに家族を大事に思っていた人だったのだなぁ」

「卑怯、未練は、しないってことか。自分もそう生きなくては……」

遺偈に触れた遺族の胸に深い感慨が広がるのは間違いのないところです。それほどすばらしい「相続」はない、とわたしは思っています。

「えっ、相続？」と首を傾げた人がいるかもしれませんね。

現在、相続という言葉は、預貯金や不動産などを受け継ぐという意味で使われています。

しかし、もともとの意味は違うのです。

本来、相続は仏教用語で、〝かたちのないもの〟を受け継いでいくことをいう言葉でした。その最たるものが「教え」です。弟子が師から教えを受け継ぐ。それが、相続ということなのです。

生きてきた自分の思いや生きざま、遺族や次の世代に申し送りたいこと、戒めて欲しいこと……。それらはすべて、相続させる価値があります。受け継がれていく意義も、意味もあります。

遺偈にしたためた自分の「思い」が、何世代にもわたって、永々と受け継がれていく。それほど幸福なことはないのではありませんか。たとえば、何世代かのちには、「卑怯、未練は、しない」ということが、子孫たちによって「家訓」にされているかもしれません。

〝家訓の始祖〟はその家系で永遠に語り継がれ、忘れられることはないでしょう。みごとな相続がなされたのです。

蛇足ながら、この相続には税金はいっさいかかりませんよ。

年寄りの〝冷や水〟を浴びよ

――気骨、気概は、暮らしを充実したものにする

歳をとってからなにか新しいことを始めようとすると、その〝邪魔〟をするのが、たいがい、ごく身近にいる人です。

「あなた、歳を考えてくださいね、歳を。もう、家でゆっくりしていればいいじゃないですか」

「おとうさん、いくつだと思っているの。そういうのを〝年寄りの冷や水〟っていうのよ」

もちろん、悪気なんかありません。

夫や父親を気遣っての忠告ですが、これが、いたくやる気を削ぐ。しかし、ここは忠告に屈することなく、体調と相談したうえで、やりたいことはやったらいいのです。

「大日本沿海輿地《よち》全図」を完成させるため、全国各地を歩き、十七年間にわたって測量をつづけた伊能忠敬《いのうただたか》が、最初の測量のため蝦夷地《えぞち》に赴いたのは五十五歳のときでした。

ちなみに、江戸時代の日本人の平均寿命は三十歳〜四十歳といわれます。これは、乳幼児や子どもの死亡率がとても高かったからですが、それにしても、五十五歳は老境には違いなく、忠敬の気骨「みごと！」、気概「あっぱれ！」というしかありません。

気骨、気概は、老いの暮らしを楽しく、充実したものにするために、不可欠の要素です。

「禅即行動」という言葉は、とにかく動くこと、行動することが、なにより大切だということをいったものですが、行動の源泉は、気骨、気概にあるといっても、け

っして過言ではありません。

わたしの寺のお檀家さんのなかにも、「〝冷や水〟なにするものぞ」という人がおられました。

きっかけはリハビリでしたが、ウォーキングにすっかりはまり、それがジョギングに発展、ついにはマラソンにトライするまでになったのです。

残念ながら、すでに亡くなりましたが、ウォーキングに取り組み始めたのが七十歳、マラソンは、なんと、九十三歳までつづけられたのですから、泉下の忠敬にも匹敵する健脚ぶりでした。

「時間はもてあまし気味だが、とり立ててやりたいものがないし……」

そんな人もいるに違いありません。

わたしは、子どもの頃好きだったこと、夢中になっていたことを思い出してみることをおすすめしています。子どもの頃に、時間が経つのも忘れて熱中していたことは、ほんとうに好きなことですし、何歳になっても夢中になれることなのです。

学校から帰ると、ランドセルを家に放り入れるようにして、外に飛び出し、暗くなるまで遊んでいたという人は、間違いなく〝アウトドア派〟です。キャンプやトレッキングなどにトライしたら、「こんなに楽しいことがあったのか！」となること、うけあいです。

みんなの前で話をすることが好きだったという人なら、地域の歴史や文化、風習や名跡などについて少し勉強して、ボランティアで地域ガイドをやるというのもいいですね。〝語り部〟として、思う存分、その才を発揮しましょう。

〝冷や水〟が見つかれば、眠っていた気骨、気概も目覚めます。

動かずにはいられなくなる。

そして、いきいきとしている姿を見れば、忠告者たちだって、必ず、応援者に変わりますよ。

大晦日は一年のリセットの日

――そして一日のリセットには就寝前の〝儀式〟

ときの過ぎるのは早いものですし、歳を重ねるごとに、その速度は増すような気がします。

あっという間に一年が過ぎ、大晦日がやってくる。

一年の締めくくりである大晦日には、誰もがその年を振り返るのではないでしょうか。

一年間、いいことも、よくないことも、あったでしょう。楽しいことも、つらいことも、あったに違いありません。大晦日はそれらを一切合切払い落として、リセットする日です。

大晦日に百八回つく除夜の鐘は、百八つあるとされる煩悩をその音によって削ぎ落とすものとされています。煩悩といっしょに、一年間にあったさまざまなことを一掃して、まっさらな自分になりましょう。

初詣には、リセットしたそのまっさらな自分で出かける。新しい年のはじめにお寺や神社に行って、手を合わせ、お参りをして、〝よい縁〟を結ぶというのが初詣の意味です。**縁は連鎖していきますから、よい縁を結ぶと、それがまた次のよい縁を引き寄せるのです。**

大勢の人が詰めかける有名なお寺や神社に初詣をするのもいいですが、自宅近くの小さな寺社にお参りするのも、また、違った趣があるものです。周囲がごった返していないぶん、祀られているご本尊様やご神体の前で、ゆっくりと思いを込めて、手を合わせる（柏手を打つ）ことができます。

大晦日が一年の締めくくりなら、就寝前は一日の締めくくりです。

そこでひとつ提案です。就寝前にその日の自分をリセットする〝儀式〟をもちませんか？

こんな禅僧がいました。**毎晩寝る前に自分のお葬式をしていたのです。その日の自分はいったんそこで死んで、翌朝、新しく生まれ変わる。その日の自分を翌日まで引きずらない、という意味でのお葬式でしょう。**

じつはわたしにも、お葬式ではありませんが、寝る前に必ずおこなう儀式があります。

仏壇の前にすわって、ご本尊様とご先祖様に、その日一日のことを報告し、手を合わせる、というのがそれです。

「今日はこんなことがありましたが、とにかく、無事に一日を終えることができました。ありがとうございます」

わたしにとっては、それが、その日の自分をリセットするルーティンになっています。そうすることで、心がすっきり空っぽになって、穏やかな眠りに入っていけるのです。

家にお仏壇があったら、これを実践、いや、ぜひともお仏壇を祀《まつ》ってほしいと思います。

ご先祖様と向き合うと、素の自分（禅語の「露《ろ》」という状態です）になれます。その自分でその日一日を総括する。すると、かりに心にわだかまりやとらわれることがあっても、それらが消えていくのです。

わたしは、最高の〝入眠儀式〟だと思っています。

お仏壇がない間は、目を閉じて静かにご先祖様を思い浮かべ、「報告と感謝」をしてもいいですね。

人格を円くする

――人は大きく、己《おのれ》は小さく

禅では一筆で描いた「〇」を円相と呼び、悟りや真理を象徴するかたちであるとしています。人格もこのかたちが理想ではないでしょうか。人格も「〇」、〝まぁるい〟のがいいですね。

しかし、老いという年齢を迎えてからも、カリカリくること、神経がピリピリさせられることはあるものです。円満な人格にいたる道は、なかなか険しいということでしょう。

それでもヒントは見つかりそうです。こんな言葉があります。

「気は長く、心は丸く、腹立てず、人は大きく、己は小さく」

文字どおり、そのままの意味ですが、ここに円満な人格であるための要素が、過不足なくあるという気がするのです。なかでも、**老いの域に入ったら、「人は大きく、己は小さく」の部分が珠玉の言葉になるのではないかと思います。**

人生経験を積んでくると、ものごとに対して「かくあるべきだ」という思いが、固まってくるところがあります。そのため、そこから外れていると、腹立たしかったり、苛立ったりするのです。そこで、

「最近の若い世代はなっていない（わかっていない、だらしがない……）」

「自分たちが若かった頃は、そんな体たらく（根性なし、辛抱足らず……）ではなかった」

といった台詞が出てくることにもなるわけです。その根底にあるのは、

「人は小さく、己は大きく」

という思いではないでしょうか。つまり、高みから人を見て、高みからものをい

っているのです。これでは、頑迷固陋《がんめいころう》な老人になりかねません。

禅は、修行には「もうこれでいい」という終着点がない、と考えます。修行は生きているかぎり、いえ、鬼籍に入ってからもつづくのです。それは、どれほど修行を重ねてもまだ、まだ、「小さな存在である」とするのが禅だからです。

人生の年輪を重ねても、「己は小さく」受けとっていく。そうすることで、人を尊重することができますし、おおらかに見ることもできます。〝まぁるい〟人格に確実に近づいていくのです。

ちなみに、「気は長く〜」の言葉は、巧みにデザイン化され、それを描いた軸、木版などがかけられている禅寺があります。京都大徳寺の塔頭《たっちゅう》である大仙院もそのひとつ。京都へ旅した折など、見に行ってはいかがでしょう。

感情にふりまわされない

――所作をていねいにすると感情は鎮まる

子どもとおとなの大きな違いのひとつは、感情を露《あら》わにしてしまうか、コントロールできるかでしょう。感情のままに、発言したり、行動したりするのは、幼児性、小児性を脱し切れていない証拠です。

おとなとしてあるまじきこと、ましてや人生の年輪を重ねた〝練《ね》れた〟おとなは断じて慎むべきことだと思います。こんな禅語があります。

「平常心是道《びょうじょうしんこれどう》」

悟りは遠いところにあるのではない。平常の心こそ、悟りなのである、ということです。

平常の心とは、上手に感情のコントロールができる心、と捉えてもいいでしょう。つまり、喜怒哀楽の感情が湧いても、それが噴き出すことがない。抑制が利いて、すぐにも穏やかな状態に戻ることができる。それが平常心です。

本来、心はしなやかです。竹のように、風が吹けばその方向にしなりますが、風がやんだらもとの姿に戻るものなのです。その〝機能〟をうまく働かせるためには、呼吸を整えるのがいちばん、そのことはすでにお話ししましたね（65ページ参照）。

もうひとつあげるとすれば、ふだんやっていることを、よりいっそう心を込めて、ていねいに、するということでしょう。

たとえば、前日誰かにいわれた言葉に傷ついたことが甦《よみがえ》ってきて、気持ちが落ち込んできた、悲しくなってきた、といったときは、〝ふだんやっている〟食事を、よりいっそう心を込め、ていねいにするのです。

ごはんを口に運ぶときは、茶碗をいったん右手でとり上げてから、左手に持ち替える、料理が盛られた皿などの器（大きなものは別）は、テーブルに置いたままにしないで、必ず、持ち上げて箸を使い、すんだらもとの位置に戻す……。

心を込めて、ていねいにすると、ゆったりとした食事になります。その時間経過が、悲しみなどの感情を鎮めてくれます。

さらに、心を込めて、ていねいにすることで、そのこと（食事）に集中できます。つまり、心から余計なことが追い出されるのです。湧いていた悲しみの感情が、心から出ていってしまう。

食事を終えたときには、すっかり落ち着いて、穏やかな平常心になっているに違いありません。

もちろん、これは一例です。することはなんでもいいのです。散歩でも、ペットの世話でも、観葉植物の手入れでも、部屋の片づけでも……。とにかく、心を込めて、ていねいに、です。

上機嫌でいる

――まずは挨拶から始めよう

人の間で生きているのが「人間」ですから、人とどのようなおつき合いをするかで、人生の味わいは違ったものになります。

笑顔があふれて、いつも和やか。おつき合いはそうありたいものです。そのためには、自分が上機嫌でいることでしょう。

さて、上機嫌でいるためにはどうすればいいかですが、禅語がそれを教えてくれます。次のものがそれ。

「和顔愛語《わげんあいご》」

和顔は微笑みをたたえた和やかな表情のこと、愛語は相手のことを思いやった、心のこもったやさしい言葉のことです。この二つを心がけていれば、備えは盤石。

道元禅師は「愛語」についてこうおっしゃっています。

「愛語能《よ》く廻天《かいてん》の力あることを学《がく》すべきなり」

愛語には天地をひっくり返すほどの力があることを学ぶべきである、ということです。そんなすごいパワーを使わないのは、もったいないかぎりですね。

「愛語か？　どんな言葉なら愛語になるのか、う〜ん、これは相当にやっかいなテーマだぞ」

そう難しく考えることはないのです。きわめてシンプルでいて、すばらしい愛語を、誰もが知っているではありませんか。

「おはようございます」

これです。隣近所の人、顔見知りの人に、朝会ったら、自分から先に明るく、大きな声で、さわやかに、挨拶の声かけをする。この愛語には「和顔」がついてきます。なぜなら、仏頂面では明るい、大きな声の、さわやかな、挨拶ができるはずがないからです。明日の朝から、和顔愛語の実践をおすすめします。

無為な日を過ごさない

——朝、その日にすることを整理する

朝起きても、その日にやるべきことがない。

そこで、つけっぱなしのテレビに観るでもなく目をやり、ゴロゴロしているうちに日が暮れ、やがて夜が深まって一日が終わる……。近頃は、日がな一日ゲームをしている、というケースもあるようですが、いずれにしても、絵に描いたような、無為に過ぎていく一日です。

そんな日がつづけば、気持ちから心棒《しんぼう》が抜けます。

ハリがなくなる。一枚のスエットが〝寝巻き〟〝起き巻き〟になり、寝る時間も、

起きる時間も、なりゆきまかせ、といった具合に生活が怠惰に流れていくのです。そんな暮らしに、生きている充足感、生きる喜びがあるでしょうか。「よく生きる」ことからはかけ離れた暮らしぶりではないですか。

朝目覚めたら、その日にやることが頭のなかで整理されている。それが、無為に日を過ごさないポイントといっていいでしょう。なにもイベント的なことである必要はありません。

日常的なことでいいですから、時間を明確にして、やることをピックアップする。十時→部屋の模様替え、十三時→一週間分の食料買い出し、十六時→風呂の掃除……。

やることと時間が決まっていれば、起床時間や就寝時間、食事時間なども一定になって、生活が規則正しくなってきます。

また、社会とかかわるようなことにも取り組むようにするといいと思います。地域活動、ボランティア、フリーマーケットへの出店、などはその候補になりそうです。

社会とかかわりをもっていると、身だしなみにも気を配るようになりますし、立

ち居ふるまいも、人を意識したものになります。気持ちに心棒がとおって、〝シャキッ〟としてくるのです。

趣味やスポーツの分野で、「同好の士」を見つけるのもいいのではないでしょうか。

どんな趣味であっても、同好の士が集まったら、楽しいプランのアイディアは無限に出てくるはずです。暮らしぶりは一転、充足感も喜びも実感できる日々になります。

お墓を準備する

――心の拠《よ》り所となる場所

この時代、ご遺骨の埋葬方法は多様化しています。

樹木葬、散骨、室内型墓地、そして、通常の墓地……といった具合。どこにご遺骨をお納めするかは、遺族にそれぞれ考え方もあり、事情もあるのだと思います。

しかし、選ぶ際は慎重を期し、さまざまなことを考慮する必要があります。まず、考えていただきたいのは、お墓の意味、お墓とはなにか、ということです。

ご先祖様が眠っておられる場所であることはもちろんですが、**お墓は残された遺族にとって、心の拠り所でもある、とわたしは考えています。墓参に赴いて、お墓**

の前に立てば、ご先祖様と向き合って、心のなかで対話ができる。

仏壇についても同じことがいえますが、お位牌とご遺骨では臨場感が違います。その場にいらっしゃるように感じるのは、やはり、ご遺骨が納められているお墓ではないでしょうか。

実際、人生の大きな転機を迎えたときや重大な決断をする際など、お墓に参ってご先祖様の〝声〟を聞いたり、報告したりする人は少なくありません。心の拠り所になっているのです。

そのことを踏まえたうえで、具体的なお墓の選び方のポイントについて、わたしなりの考えをお話ししましょう。

いま注目されているのが樹木葬です。樹木や花などの植物を墓石の代わりにするというものですが、納骨の方法は、何人ものご遺骨を同じ場所に納める合祀型と、ひとつの区画に一人分のご遺骨を納める個別型があります。

ただし、後者も一代限りというものがほとんどで、一般的なお墓のように代々受け継いでいくことはできません。

室内型墓地は、ビル内にたくさんのご遺骨が納められているものですが、駅近くにあるなどアクセスがいいというのがメリットでしょう。室内ですから天候に関係なくお参りすることができますし、当然、エレベーターもありますから、車椅子でのお参りも支障なくできます。

ただし、ビルには耐用年数があります。鉄筋で四十七年（法定耐用年数・実際の建物の寿命とは異なります）というのがそれ。問題はその後ですが、新しく建て替えて、そこにご遺骨を移せるかといえば、費用の点などで現実的には難しいでしょう。

散骨を希望する人も少なくないようです。しかし、ご遺骨を海に還すわけですから、その後、遺族がお参りしようにも、どこにお参りしていいか、わかりません。お孫さんに、「どこに行ったらお祖父ちゃんに会えるの？」と聞かれ、答えに窮したというケースも実際あると聞いています。

一般的な墓地には、事業者が運営する大規模な霊園墓地と寺が運営にあたる中小規模の寺院墓地があります。両者のいちばん大きな違いは、前者が掃除などの管理のみおこなうのに対して、後者は管理だけでなくご供養もおこなう、というところでしょう。

このようにお墓は、その形式や運営母体などの違いによって、それぞれ特徴があります。資料をじっくり検討し、関係者がよく話し合って、慎重に選びましょう。

4章

人生が整う「暮らし方」

——今日を「最高の一日」にする禅的メソッド

姿勢を正すと美しい人になる

――呼吸が整い、気持ちも明るくなる

背筋がスーッと伸びたいい姿勢の人は、それだけではつらつとしていて、美しく若々しく見えます。

いっぽう、背中が曲がっていたり、前に屈んだ姿勢でいる人は、元気がない印象になってしまいます。

いい姿勢を保つポイントは、腰（骨盤）を立てることです。

腰を立てると、頭のてっぺんから尾てい骨までが一直線になり、顎が引けて、背骨が正しいS字カーブを描くようになります。

ちなみに、坐禅をするときも、上半身はまったく同じで、もっとも重要なのは腰を立てることです。感覚的には少し後ろに反った感じがすると思いますが、それが正しく、美しい、坐禅の姿勢なのです。

正しい姿勢は、いちばんラクな姿勢でもあります。

上半身の重みがバランスよく下半身にかかりますから、腰や脚にかかる負担が少ないのです。ですから、歩いても疲れにくく、歩く姿も颯爽としたものになります。

メリットはそれだけではありません。背筋が伸びることで、胸が開き、呼吸がしやすくなります。その結果、酸素を十分にとり入れることができ、全身の血流がよくなるわけです。

また、内臓に対する負担も軽減されます。背中が曲がり、前屈みになっていると、内臓が圧迫されて、負担が大きくなりますが、正しい姿勢をとっていれば、はるかに負担は軽いのです。

肩や首が凝るのも姿勢が原因。慢性的に凝りを抱えている人は、気分もすぐれませんね。これも、姿勢を正すことで、大きな改善がみられるはずです。

日々の生活のなかで姿勢のチェックをするようにしましょう。

鏡に全身を映して、ポイントとなる腰、肩（前屈みになっていないか）、首、背中のカーブなどが、正しくなっているかどうかを確認する。

姿勢を正すには、自分の目で見るのがいちばんです。できれば、鏡を玄関に置いて、外出するときには必ずチェックするようにするといいと思います。

「腰よし、肩よし、首よし、カーブよし……。さぁ、出かけるか」

そんな習慣が、いつまでも美しくあるための秘訣ですよ。

呼吸は、深く、ゆっくり、吐き切る

――姿勢と呼吸が整うと、心も整う

禅では「呼吸」をとても大事なものと考えています。

なぜかといえば、呼吸は心と深くかかわっているからです。それを示しているのが次の言葉。

「調身《ちょうしん》　調息《ちょうそく》　調心《ちょうしん》」

調身は姿勢を整えること、調息は呼吸を整えること、調心は心を整えることです。

この三つは三位一体で、姿勢を整えると、呼吸を整えることができ、その二つが整うことによって、心も整っていくのです。

この三者の関係に気づいたのは、禅の祖師方ですが、禅の智慧ともいうべき、すぐれた発見だと思います。心を整えるといっても、見えない心に直接働きかけることはできません。

しかし、**姿勢と呼吸は自分の意志で整えることができます。そして、それが心を整えてくれる。**この〝気づき〟によって、いつでも心を整えることができる「すべ」が明らかになった、といっていいでしょう。

さて、その呼吸法ですが、背筋を伸ばし、胸を開いて（ねこ背や前屈みにならないで）、丹田《たんでん》（おへその下約七・五センチ）から、深く、ゆっくり、息を吐き出し、吐き切ります。「呼吸」という字からもわかるように、「呼」つまり、吐くのが先です。

吐き切ったら、吸うことは意識しなくても、自然に空気が入ってきます。それも、深く、ゆっくり、丹田まで落とすようなつもりで、吸い込みましょう。

この呼吸は心にとって万能の〝妙薬〟です。その効能は以下のとおり。

・湧いた怒りが鎮まる
・悲しみが和らぐ
・緊張がほぐれる
・焦りがなくなる
・イライラ、モヤモヤが消える
・正しい判断、決断ができる

こまかくあげていたら紙幅がいくらあっても足りないほどです。

呼吸がいつでも、どんなときでも、平静さを失った心を、すみやかに、整った心、つまり、「平常心《びょうじょうしん》」に立ち戻らせてくれるのです。

さわやかに、清々《すがすが》しく、晴れ晴れと、軽やかに、楽しく……生きていくための土台は、なにがあっても平常心でいることにあります。

〝妙薬〟をいつも携えていましょう。

早起きをする

――余裕のあるスタートで一日が輝き始める

朝に関して、わたしにはひとつ「持論」があります。

朝の時間帯をどのように過ごすかで、その日がどんな一日になるかが決まる、と
いうのがそれです。

朝の時間をあわただしく、追われるように過ごしたら、その急《せ》いた気持ちがずっ
と持ち越されます。一日中、時間に追われる感覚がついてまわるのです。たとえば、
友人とランチの約束があっても、

「いけない、急がないと遅れてしまう」

という気持ちが先に立って、身支度もそこそこに家を飛び出すといったことにもなるのです。朝食の片づけも後まわし、戸締まりの確認も疎《おろそ》か……。忘れものだってするかもしれません。

ランチをしている間も、カギをちゃんとかけてきたかが気になり、帰ってからしなければならない片づけのことも頭をよぎる。これではランチを心から楽しむことはできませんね。そして、一日が終わるときには、

「なんだか、せわしない一日だった。もう、ぐったりだわ」

ということにもなりそうです。

朝は決まった時間に早起きする。すると、時間に余裕をもってその日を過ごすことができます。時間の余裕は心の余裕につながりますから、予定の一つひとつをきちんと心を注いでこなすことができます。

「日日是好日《にちにちこれこうにち》」

この禅語は、どんな一日もかけがえのない経験をすることができる「よい日」で

ある、ということをいっています。経験のなかにはつらいもの、しんどいものもあるでしょう。

しかし、**それらも人生の糧《かて》になります。ただし、糧にするためには条件があります。経験を真っ正面から受けとめる、というのがそれです。心を注いでつらさ、しんどさを引き受ける、といってもいいでしょう。**

もちろん、うれしいこと、楽しいことも、心をいっぱいに注いで、です。

人生は経験が積み重なって紡がれていきます。時間に追われて、心を注げなかった経験も、人生に重なるのです。

時間は有限です。そうであるからこそ、少しも無駄にすることがあってはいけないのだと思います。繰り返しになりますが、一日は朝で決まります。早起きをして、余裕のあるいいスタートを切り、その日一日にするどんなことにも心を注いでいける態勢を整えましょう。

眠る前三十分は、なにも考えない
――夜に心配事をしない

食事とともに健康を支えているのが「睡眠」です。

安らかで、深い睡眠がとれれば、翌朝の目覚めも爽快ですし、その日一日のいいスタートが切れます。

ただし、少しやっかいなのが夜という時間帯です。

闇がたちこめるということも関係していると思うのですが、**夜になると不安がふと心をよぎったり、心配事に考えが向いたりしがちなのです。**

いったん、不安や心配事にとらわれると、そこから離れられなくなり、それらがどんどんふくれあがっていきます。その結果、まんじりともしないで朝を迎えることになったりするのです。

夜は、少なくとも眠る三十分前は、なにも考えないことです。そのためには、脳のスイッチを切り替えることです。すなわち、考える脳から感じる脳への切り替えです。

切り替える方法として、いちばんいいのは、やはり、坐禅です。実際、禅の修行中には「夜坐《やざ》」といって、**眠る前に坐禅をしますが、静かにすわることによって、心が穏やかになり、安らかな眠りに入っていけるのです。**

夜坐に代わるものを見つけましょう。感じる脳を働かせるには、五感が心地よいと受けとめる〝なにか〟をすることです。

たとえば、静かな音楽を聴く。これは聴覚が心地よいと感じます。いわゆる〝音楽〟に興味がなかったら、自然音（小鳥のさえずりや川のせせらぎ、寄せては返す波の音……など）が録音されているCDを聴くのもいいでしょう。

好きな画家の画集、お気に入りの写真集などを見る。こちらは視覚に心地よさをもたらします。

気持ちを安らかにしてくれる香りのお香を焚くのもいいですね。いうまでもなく、これは嗅覚が心地よさを受けとめます。

眠る前にものを食べるのはよくありませんが、適度のお酒をいただくというのならいいかもしれません。味覚か心地よさを感じて、安らかな眠りのための準備が整うでしょう。

触覚でいえば、大切なペットとの触れ合いなどが、それにあたるでしょう。猫をひざの上に乗せて、撫でながらしばしの時間を過ごす。愛猫家にとっては最高の心地よさ、至福の時間なのではないでしょうか。

春や秋の爽快感いっぱいの季節には、庭やベランダに出て、椅子にすわり、ただ、ボーッとときを過ごすのもいいものです。天空には美しい月や星が輝いています。虫の音が聞こえます。花の香りが漂ってきます。風のそよぎが肌で感じられるでしょう。

視覚、聴覚、嗅覚、触覚の心地よさ〝そろい踏み〟です。味覚を加えるなら、適量の好みのお酒があってもいいですね。

さあ、思い思いの夜坐を見つけて、早速、実践してください。

一箸、一箸、ていねいにいただく

――合掌し、心を込めて「いただきます」

禅は日常のふるまいのすべてが修行だと考えます。

もちろん、食事もそうです。

道元《どうげん》禅師はとても食を重んじ、『赴粥飯法《ふしゅくはんぽう》』という書物で、禅僧の食事作法《じきじさほう》についてこまかく述べられています。

修行中は食事の前に必ず、「五観の偈《げ》」という短いお経を唱えます。以下のものがそれです。

一つには功《こう》の多少《たしょう》を計《はか》り、彼《か》の来処《らいしょ》を量《はか》る
↓目の前にある食事には、どれほどたくさんの人の手がかかっているかを思い、それに感謝をしていただく。
二つには己《おのれ》が徳行《とくぎょう》の全欠《ぜんけつ》を忖《はか》って供《く》に応《おう》ず
↓このありがたい食事をいただくのにふさわしい自分であるか、自分のおこないを反省していただく。
三つには心《しん》を防《ふせ》ぎ過《とが》を離《はな》るることは、貪《とん》等《とう》を宗《しゅう》とす
↓心を正し、過ちをおかさないために、貪《むさぼ》りなどの三毒が心にないか、問いながらいただく。
四つには正《まさ》に良薬《りょうやく》を事《こと》とするは、形枯《ぎょうこ》を療《りょう》ぜんが為《ため》なり
↓身心を健全に養い、修行をつづけていくための良薬としていただく。
五つには成道《じょうどう》の為《ため》の故《ゆえ》に、今此《いまこ》の食《じき》を受《う》く
↓修行につとめ、悟りの境地にいたるために、この食事をいただく。
どれも大切な心がけですが、みなさんにとくに注目していただきたいのは一番目の文言です。

食事を前にして、つくってくれた人に対しての感謝の念は湧くかもしれません。しかし、感謝すべきなのはその人だけでしょうか。

たとえば、一粒のお米にしても、農家の人が苗を植え、丹精込めて育て、刈り入れをし、出荷してくれたから、そこにあるのです。

それだけではありませんね。流通関係の人も、小売り関係の人も、一粒のお米にかかわってくれています。その人たちの手がなければ、お米は一粒たりとも手元には届きません。

禅では「百人の人のお蔭様」といういい方をしますが、大勢の人が手をかけてくれてはじめて、わたしたちは食事をいただくことができるのです。そのすべてに感謝をする意味でも、手を合わせて「いただきます」をいう食前〝作法〟を忘れてはいけません。

感謝の心をあらわすのはいただき方です。

一生懸命いただく。そのことに尽きます。言葉を換えれば、一箸一箸、心を込めて、ていねいに、ということになるでしょう。

〝一生懸命〟からいちばん外れるのが「～ながら食」です。テレビを観ながら、新聞に目を通しながら、スマホをチェックしながら……。そんな食べ方をしていませんか？

人は一度にひとつのことしかできないのです。一生懸命やるのであればなおさらです。同時に二つ以上のことをしていたら、どれも中途半端にしかできません。中途半端にいただく食事が感謝のこもったものになるでしょうか。なるはずがありません。

ごはん茶碗や料理が盛られた器の扱いも、心を込めて、ていねいに、です。お箸を持ったまま器をとり上げたり、テーブルに音を立てて置いたり、お箸で器を動かしたり……。そんなぞんざいな扱いは一生懸命に反します。

食事を一生懸命いただいたら、その時間が変わります。満たされて充実したものになるのです。もちろん、味わいもずっと深くなります。それが、「よく生きている」時間であることは、いうまでもありませんね。

おなかいっぱい食べない

——腹八分目を心がける

いちばん根っこのところで身体を、命を支えているのは、いうまでもなく食事です。**食事のとり方しだいで、身体の状態、命の輝きが違ってきます。**

歳を重ねてからは、とくに食事には十分な配慮が必要だと思います。

食事といえば、禅僧はみんな食事に〝怨《うら》み〟をもっています。

修行中の食事が精進料理であることは、すでにお話ししましたね。修行前からそのことはわかっていますから、肉や魚が食べられないことは想定内。それを怨む筋合いはどこにもありません。

想定外だったのは量です。「小食《しょうじき》」と呼ばれる朝食の内容を紹介しましょう。おかゆ一杯。希望をすれば少々の追加はできますが、これが主食です。副食にあたるのはゴマ塩（ゴマと塩を一対一の割合で炒ったもの）と香菜（漬け物）がほんの少し。これですべてです。

質素のきわみ。それ以外に表現のしようがありません。昼食（点心）、夕食（薬石《やくせき》）は、少々、おかずらしきものがつきますが、それも質素の域を出るものではありません。

当然、おなかが空きます。一日中ひもじさがついてまわる。「腹減ったぁ！」。これが怨みの正体です。

修行を始めてから一か月ほどすると、修行僧は例外なく、十キロ前後は体重が減ります。そればかりでなく、みんな脚気《かっけ》か栄養失調になってしまいます。

しかし、身体の適応能力はすぐれたもので、三か月もすると、空腹感がしだいにやわらいできて、体重も多少は戻ってくるのです。**そこからの変化がすごい。頭が冴えるようになって、肌の色が白く、つややかに、透き通ってくるのです。**

頭が冴えるのは、質素であるがゆえに胃や腸への負担が軽く、そこに流れる血液量が少なくてすみ、そのぶんが脳に送られるためだと思われます。肌については、たしかな理由はわかりません。

修行中の食事は、感覚的には「腹三分目」というところですから、これは少な過ぎますが、**昔からいわれるように「腹八分目」を心がけるのが、食事の重要なキモではないかと思います。**

その最大のメリットは、消化器系に過度な負担をかけないことでしょう。歳をとればどうしても胃や腸の機能は低下します。そこにたらふく詰め込んだら、胃も腸も悲鳴をあげます。

いつも胃や腸が不調では、気分もすぐれないでしょう。しかも、運動量も減るはずですから、とりすぎた栄養は脂肪として内臓などに蓄積され、肥満にもつながっていきます。いわゆる、メタボリックシンドロームと呼ばれる状態になるわけです。

それがさまざまな病気や症状の原因になるのは、みなさんも重々、承知されていることと思います。

食は人生の大いなる楽しみですが、食べ過ぎによって健康を損ねたのでは、元も子もありませんね。腹八分目で食を楽しむ。これを食生活の基本にしましょう。

脱いだ靴をそろえる

――そのふるまいに、心があらわれる

まず、言葉をひとつ紹介しましょう。

「だから、当たり前のことをしなかったらいかん。スリッパをそろえるのが当たり前のこっちゃ。わしも修行をしておるが、修行をしておるんではなくて、当たり前のことをやっておるんや。それよりやることはないんや。スリッパが曲がっている人は、心も曲がっている」

曹洞宗大本山永平寺の第七十八世貫首をつとめておられた、宮崎奕保《えきほ》禅師がおっしゃったものです。宮崎禅師は百八歳で遷化《せんげ》されましたが、百歳を超えてからも、

坐禅をはじめとする修行をこなされていた方として知られています。

脱いだ履きものを曲がったままにしておく人は、心が曲がっているのだ、という禅師の指摘は、**ふるまいと心は不可分であり、ふるまいに心があらわれる、**ということをいったものでしょう。

よそのお宅を訪問した際には、靴を脱ぎっぱなしにして、曲がっているのもおかまいなし、ということはまさかないと思いますが、自宅ではどうでしょう。いちいちそろえることまではしていない、という人が、案外、少なくないのではないでしょうか。

脱いだ靴は意識してそろえるようにしましょう。それがすっきり心を整えることにもつながります。

それに、翌日外出するときのことを考えてみてください。玄関でそろっていない靴に足を入れるのと、きちんとそろった靴に足を入れるのとでは、ずいぶん気分が違ってくるのではありませんか?

最初は意識する必要があっても、つづけていると、自然に身体がそのように動くようになります。「脱ぐ→そろえる」というふるまいが身についていくのです。

そうなったら、人の靴であっても、曲がっていたら、そろえずにはいられない、ということになるかもしれません。

禅語にもこんなものがあります。

「脚下照顧《きゃっかしょうこ》」

履きものをそろえなさい、というのがそもそもの意味ですが、禅語には自分の足元を見つめなさい、という意味も含まれています。

それは、地にしっかり足をつけて人生を歩んでいるかどうかを、常に確認しながら生きなさい、ということでもあるでしょう。

「脚下照顧」、胸に刻んでください。

毎日五分、掃除をする

――払うのは心の塵《ちり》や埃《ほこり》

毎日の暮らしのなかでは、人間関係で摩擦が起こるかもしれませんし、将来への不安に駆られることがあるかもしれません。そんなことがあったら、気持ちが塞いだり、心が晴れなかったりもするでしょう。

そこで考え込んでいては、ますます深みにはまります。とにかく身体を動かすことです。動くことに集中していると、考えが離れていきます。なかでもしていただきたいのが「掃除」です。

禅にこんな言葉があります。

「一掃除《いちそうじ》　二信心《にしんじん》」

禅の修行に打ち込む者にとって、信心はもっとも必要とされるものです。しかし、禅では掃除をその上位に置いています。なぜだかわかりますか？　禅では掃除を、ただ、その場の塵や埃を払ったり、その場を磨き上げたりすることだとは考えないのです。

払うのは心の塵や埃であり、磨くのも心だとするのが禅です。そのことをしっかり腹に据えていなければ、信心も深く根づきません。そこで、掃除が上位に置かれるのです。

心を清らかなものにし、磨いていくのは修行の根本です。

実際、部屋の掃除をして、きれいに片づけたら、心が清々《すがすが》しくなった、晴れやかになったという経験は、誰にでもあるのではないでしょうか。心の塵や埃が払われ、磨かれたことで、そんな感覚になるのです。

イライラ、モヤモヤ　モンモン、ウツウツ……。心がそんな状態になったら、掃除に取り組みましょう。一日五分でよいので、掃除に取り組んでみませんか？

キッチンの床を払い、雑巾で拭いて、磨く。

ポイントはたったひとつ、**そのことだけに全力を注ぎ込むことです。汚れているところをきれいにするのではないのです。拭いているのは自分の心、磨いているのも、また、心です。**

五分間経ったら、イライラも、モヤモヤも、気持ちを塞いでいたもの、心にわだかまっていたことは、すっかりなくなっているはずです。

掃除について禅にはこんないい方があります。

「目立たないところ、見えないところほど、ていねいにおこなう」

部屋でいえば、隅々やソファー、テーブルの下、高さのある棚の上などがそれにあたるでしょうか。

庭でいえば、木の根元や植え込みの下などがそうです。それらの場所は、目立たないから、見えないから、ということもありますし、掃除がしにくいということもあって、つい手を抜いたりするものです。

たしかに、手を抜いても、見ためは変わらないかもしれません。しかし、決定的に違うことがあるのです。空気感がまったく違う。清浄感がまるで違ったものになるのです。

もちろん、清浄感とは部屋のそれであり、心のそれでもあります。

「あ～あ、面倒だけど掃除でもするか」ではなく、

「よし、（心の塵を）払うぞ、（心を）磨くぞ」

という思いで掃除に取り組みましょう。

払いつづけ、磨きつづけてください。

坐禅を組む

――自然と一体化し身体感覚をとり戻す

禅語をひとつ紹介しましょう。

「閑坐聴松風《かんざしてしょうふうをきく》」

静かにすわって、風が松の葉を揺らす音を聴く、という意味です。

ふだんは松葉が揺れるかすかな音など聴くことはできません。しかし、坐禅をして周囲の自然とひとつになっていると、それが感じられる、聴こえてくる気がするほど心が澄んでいるのです。

そんなときは、時間の経過も忘れています。

もっといえば、すわっていることさえ意識されないのです。心はどこまでも静かで、穏やかです。心地よさだけが満ち満ちてきます。

禅の修行中は、「暁天坐禅《きょうてんざぜん》」といって、朝一番に坐禅をします。

坐禅によって身心を整え、その日の修行に全身全霊で取り組める態勢をつくるのです。

みなさんも、「朝の坐禅」をしてみてはいかがでしょう。心を静かに、穏やかに、整えて始める一日は、心地よいものになるに違いありません。

これは、いつもお話ししていることですが、坐禅を始めるときは、禅僧の手ほどきを受けるのがいいでしょう。正しい姿勢も、呼吸も、その場でチェックしてもらうのがいちばん。自己流ではなかなか、坐禅のコツが飲み込めません。

坐禅会を開いている禅寺もたくさんありますし、禅僧が指導する坐禅教室もあります。それらに足を運んで、身体で坐禅を覚えてしまえば、いつでも、どこででも、正しい坐禅ができるようになります。

「坐禅か。ちょっと敷居が高い気がする」

まったくそんなことはありません。老若男女を問わず、すぐに取り組めるのが坐禅です。それをたしかめる意味でも、一度、坐禅会を覗いてみませんか？

5章

身体と対話する

——「体力」より「元気」をつける

動けるうちは動く

――自分で食事をつくるという提案

晩年、もしひとり暮らしになったとしたら、あなたはどのような食生活を送りますか。わたしが聞いたなかで、年齢を重ねたひとり暮らしの食事面には次の二つのパターンがあるようです。

ひとつはコンビニおまかせ派。食事に関しては、コンビニのお弁当、お総菜でまかなうというパターンです。コンビニの食品関係のラインナップは充実していますし、一人分を小分けしたパッケージもありますから、食生活はそれで十分成り立っていくのでしょう。

もうひとつは手料理派。基本的には食事を自分でつくるパターンです。もちろん、自分の生き方、あるいは、価値観の問題ですから、どちらがよくて、どちらが悪い、ということではありません。

ただ、動く、身体を動かす、という点では後者のほうに分がありそうです。食材を買いに行く、下拵えをする、調理をする、後片づけをする……。手料理派のこうした工程を考えると、コンビニで買ったものを食べるだけのおまかせ派より、はるかに運動量は多くなるはずです。歳をとると運動機能は低下し、身体の動きが悪くなります。低下速度を遅らせ、機能を維持するには、できるだけ動くことしかありません。コンビニ派はほかのことで身体を動かす必要がありそうです。

これから手料理派になろうとするのであれば、〝修行〟が必要です。**お茶を入れる、野菜を切る、食材の買い物に行ってみる……小さなことからでいいのです。一歩、踏み出すことが大切です。そこからあとは、自分のペースで修行を積んでいきましょう。**

個人差はあると思いますが、料理はクリエイティブな作業ですから、〝はまる〟可能性は小さくないのではないでしょうか。

体力よりも元気をつける

――「やりたいことがある」を発見する

体力が衰えるのは老いの必然です。しかし、その必然は受け容れ難いという人もいます。

「だから、ジムに通い、ハードなトレーニングにも取り組んでいる」

ちょっと待ってください。二十代の頃なら、ハードトレーニングで身体を〝いじめる〟ことが、肉体づくりにも、体力の向上にも、つながるでしょう。しかし、六十代、七十代のハードトレーニングは、利よりはるかに害が大きい、といえるのではないでしょうか。高齢者がジョギング中に倒れた、といったケースも珍しくはないですね。

必然は受け容れながら、できるだけ体力のキープにつとめ、衰えをゆるやかにしていく。それがポイントでしょう。

駅や建物内ではエスカレーター、エレベーターを使わず、階段を昇る。ときどきは、遠くのスーパーに買い物に出かける。朝、十分間のストレッチを習慣にする……。また、好きなスポーツのテレビ観戦は、気合いを入れて、立った状態で観るようにする、なんていうのもいいかもしれませんよ。

それぞれの生活スタイルのなかで、〝キープ〟のためにできることは、いくらでもあるはずです。それを見つけて、実践しましょう。

体力は身体の領域ですが、わたしはむしろ、心の領域、すなわち、心の元気が大切ではないか、という気がしています。**心の元気のもとは張り合いです。その張り合いは、「自分がやりたいことがある」というところから出てくるのです。**

たとえば、新聞に目を通していて、地方の変わったお祭りの記事に目がとまり、こう思ったとします。

「おもしろいなぁ。日本にはこんな奇祭がどのくらいあるのだろう。ここはひとつ、調べてみるか」

さあ、〝やりたいこと〟発見です。そこからは、毎日（週に何度か）、近くの図書館に足を運んで、さまざまな書籍にあたり、全国各地の奇祭を次々に見つけていく作業にとりかかることになるでしょう。

張り合いがある日々です。心はワクワク、元気いっぱいになります。とくにやりたいこともなく、〝自慢の〟体力をもてあましながら、「つまらないなぁ」と心が沈んでいる（元気をなくしている）日々とは、明らかに生きている〝濃度〟が違うと思いませんか？

人は外見的なことや体力のことばかりに目が向きがちです。しかし、ここはあえて視点を転じて、心の元気に重点を置く。すると、新しい老いの世界が広がっていきますよ。

身体をとことんいたわる

――疲れを感じたらすぐに休む

日常の体調管理でいちばん大切なことは、疲れをためないことでしょう。

疲れがたまっていると、集中力が持続できませんし、散漫にもなります。その結果、なにに取り組んでも、いつもどおりにいかないことになったりする。

それがストレスにもなりますし、それ以上に、取り組んでいるものがなんであっても、心から楽しむことができませんね。

たとえば、散歩でも、

「なんか今朝は気分がのらないな。いつもの爽快感がちっともない」

といった塩梅《あんばい》です。

また、疲労の蓄積は免疫力の低下につながりますから、風邪などにもかかりやすくなるでしょう。

少しでも疲れを感じたらとにかく「休む」。

これは年齢を重ねてからの暮らしの鉄則です。疲れに対する最良の処方箋は休むこと、それも横になって休むことです。三十分でも、一時間でも、横になっていると、疲れがスーッと抜けていきます。

疲労感が大きいときは、睡眠時間を長くとるといいでしょう。わたしの睡眠時間は通常、六時間から六時間半（夜十時就寝〜朝四時半起床）ですが、かなり疲れ気味だな、と感じたときは一時間余計に睡眠をとるようにしています。それで、起床時にはすっかり疲労が抜けています。

日本人は勤勉ですから、仕事に関しては、少々疲れていても無理をするところがあるのだと思います。会社からもそれを求められ、〝休まないこと〟が習い性になっているということなのかもしれません。

しかし、忙中閑《ぼうちゅうかん》あり、という言葉もあります。その気になれば、休むための時間を見つけることは、そう難しいことではないと思うのです。

体調をいつもいい状態に保つことが、「よく生きる」ことに直結するのは、いうまでもありませんね。

「命あっての物種」、「健康あっての物種」です。そのことは生き方のベースにしっかり据えて置いてください。

動けなくなっても、幸福はそこにある

――あなたの言葉が人を笑顔にする

いつまでも身体が動き、身のまわりのことは自分でできる。それが理想です。しかし、定命《じょうみょう》が尽きる直前までその状態を保てることは希《まれ》でしょう。車椅子が必要になる可能性は誰にでもありますし、寝たきりになってしまうことだって、考えられなくはないのです。

しかし、そこにも幸福はある、とわたしは思っています。

寝たきりであっても、窓から外の風景を眺めることはできます。キラキラした朝日の輝き、沈みゆく夕日の多彩な色の変化、美しい花で彩られた木々の枝、しだいに色合いを深めていく紅葉のさま……。

自然の風景は心に感動をもたらしてくれます。

その感動のなかにいる自分は、たとえ、ささやかであっても、幸福に包まれていると思いませんか？

家族や友人たちが顔を見せにくることもあるかもしれません。

「今日は顔色がいいじゃない」

「ありがとう。でも、こんな身体で、なにもできなくなってしまって……」

励ましの言葉に、感謝とともについ、愚痴が出る。感謝できるのはすばらしいことですが、愚痴はいかがなものでしょう。愚痴や不満、嘆きは心を後ろ向きにするだけです。

それに、ほんとうになにもできないでしょうか。たとえば、

「○○さん、今日のお洋服、とてもよく似合っているわ」

そんなふうに人のよいところを探し、笑顔で褒めてみる。すると、自分がかけた言葉が、相手を笑顔にし、うれしい気持ちにさせるのです。

なにもできていませんか？　そうではないでしょう。**言葉で人を笑顔にできてい**

る、うれしさを与えることができている、のです。

素敵なことができるではありませんか。

それも、間違いなく幸福なことだと思うのですが、いかがでしょう。

人にしてあげられること、そのことを通して自分が幸せになれること、もっと、もっとありそうです。それを探していたら、愚痴も不満も、嘆きも、いっているひまなんかありませんね。

痛みに嘆くあなたへ

――「できる」ことをとことんやり抜く

いつも身体のどこかが痛む、動くことができない。そんな状態になることがあるかもしれません。そのときは、

「自分にはもう、つらいことしかない」

という、嘆かわしい思いになるでしょう。**しかし、痛くても、動けなくても、命をいただいて、生きている。それ自体がすばらしいことなのです。**

綺麗事に聞こえるかもしれませんが、ものを見ること、聞くこと、話すこと、心で感じること、どれかが少しでも叶っているのならば、それはすばらしい、ありが

たいことだと思うのです。そう思えるようになるために大事なのは、どこに思いを向けるかだと思います。いまの自分では「できない」ことに思いが向けば、すばらしさも、感謝も、感じることはできないかもしれません。

「買い物にも行けないし、大好きだった料理もできなくなった。お風呂も一人では入れなくなってしまったし……」

こんな〝ない、ない、尽くし〟の発想しかできなくなるからです。

しかし、いまの自分に「できる」ことに思いを向けたら、心の在り様はずいぶん違ったものにならないでしょうか。たとえば、

「昔聴いた古今亭志《ここんていし》ん朝《ちょう》の落語がおもしろかったな。よし、志ん朝の噺《はなし》をCDで全部聴いてみよう」

といった具合に、CDを聴く楽しさに発想が向かう。そして、聴くことができるすばらしさ、ありがたさを実感できると思うのです。

人は〝おたがい様〟で生きています。「できない」ことはサポートしてもらえばいい、手助けしてもらってちっともかまわない。「よく生きる」ことに精いっぱい

つとめて、生きていくなかでなら、そのくらいの開き直りをすることがあってもいい、とわたしは思っています。

自分に「できる」ことを一生懸命に、そして、楽しんでやったらいいのです。

日本を代表する俳人であり、歌も詠んだ正岡《まさおか》子規《しき》は、若くして肺結核を患い、その菌に脊椎を冒されてカリエスにも苦しみます。三十四歳で没する前のほぼ三年間、ずっと病床にあったのです。

身体を動かすこともままならず、連日麻酔剤が必要になるほどの激しい痛みを抱えながら、俳句、短歌はもちろん、多分野にわたる評論、随筆、さらに趣味の写生画にも取り組むなど、子規は精力的に創作活動をおこないました。

『病牀《びょうしょう》六尺』と題された新聞連載は、なんと死の二日前までつづいたのです。死ぬ間際には「絶筆三句」と呼ばれる三つの辞世の句を残し、直後に昏睡状態に陥って、ついに帰らぬ人となったとされています。

その壮絶な生涯は、「できる」ことをとことんやり切ったそれといえるでしょう。こんな先人がいるのです。「できる」ことに目を向け、精いっぱい、楽しんで、それをやることは、大丈夫、誰にだってできます。

枡野俊明

ますの・しゅんみょう

1953年神奈川県生まれ。曹洞宗徳雄山建功寺住職、庭園デザイナー、多摩美術大学環境デザイン学科教授。大学卒業後、大本山總持寺で修行。「禅の庭」の創作活動により、国内外から高い評価を得る。芸術選奨文部大臣新人賞を庭園デザイナーとして初受賞。ドイツ連邦共和国功労勲章功労十字小綬章を受章。2006年「ニューズウィーク」日本版にて、「世界が尊敬する日本人100人」に選ばれる。庭園デザイナーとしての主な作品に、カナダ大使館、セルリアンタワー東急ホテル日本庭園など。主な著書に、『禅が教えてくれる美しい人をつくる「所作」の基本』（幻冬舎）、『怒らない禅の作法』（河出書房新社）、『傷つきやすい人のための図太くなれる禅思考』（文響社）などがある。

構成／コアワークス（吉村貴・水沼昌子）
装丁／石間淳
本文デザイン／東海林かつこ（next door design）
校閲／玄冬書林
DTP／昭和ブライト
編集／酒井綾子

定命を生きる
よく死ぬための禅作法

2020年3月3日　初版第1刷発行

著　者　枡野俊明
発行人　小川美奈子
発行所　株式会社小学館
〒101－8001
東京都千代田区一ツ橋2－3－1
編集　03－3230－5119
販売　03－5281－3555
印刷所　萩原印刷株式会社
製本所　株式会社若林製本工場

 ISBN978-4-09-388749-6

求めない、こだわらない、とらわれない

小学館 枡野俊明の本

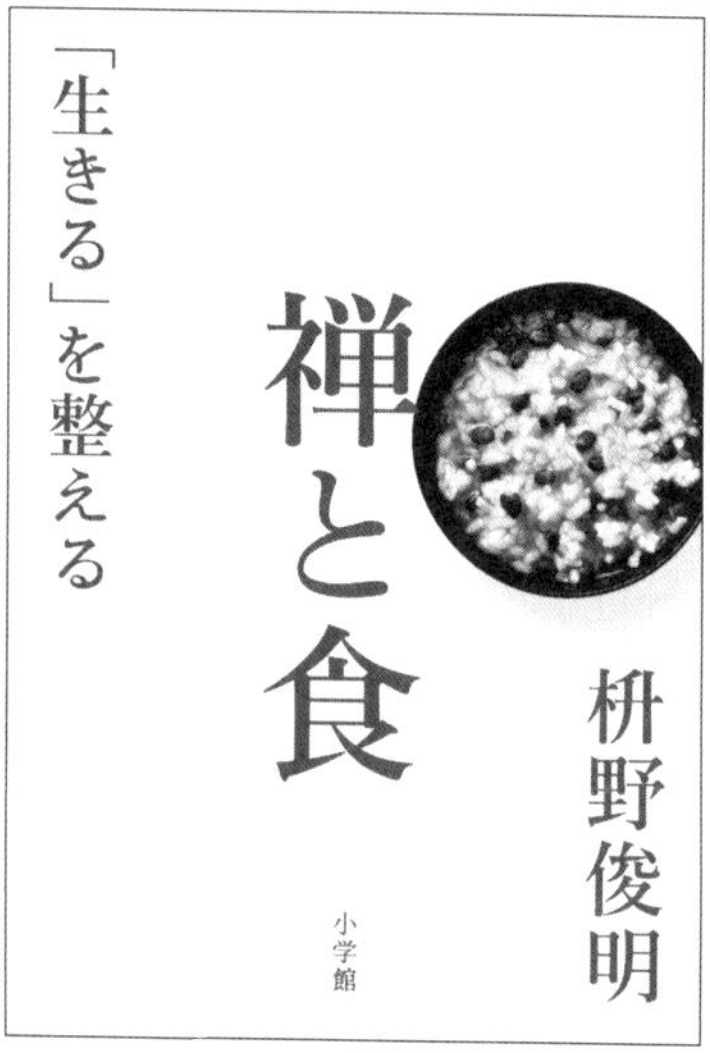

禅と食
「生きる」を整える

どうつくり、どう食べるのか——
毎日が輝きはじめる
禅的食のこころと、
贅沢な粗食のすすめ。

四六版／194ページ
ISBN978-4-09-388322-1

悪縁バッサリ！いい縁をつかむ極意

いい縁をつかんで、悪縁を断てば、
人間関係がラクになる。
いい縁の見極め方と
日頃からの行動を伝授。
禅の教えで人生が好転しはじめる。

四六版／194ページ
ISBN978-4-09-388371-9

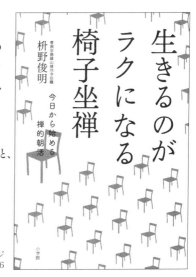

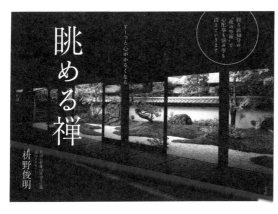

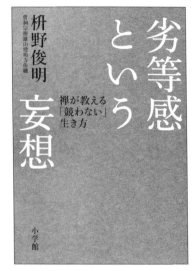